# LES TEMPLIERS

Dans la même collection :

- LA SORCELLERIE
- LE GRAAL
- LES INITIES D'OCCIDENT
- LES ORDRES MONASTIQUES ET RELIGIEUX
- L'ALCHIMIE
- LES CATHARES
- LES MYSTIQUES CHRETIENS D'OCCIDENT

A paraître :

- LES ROSE-CROIX
- LA FRANC-MAÇONNERIE
- LE SPIRITISME
- LA KABBALE

Michel PICAR

# LES TEMPLIERS

Collection dirigée
par
Patrick Ravignant

EDITIONS

**6, rue Émile Dubois
75014 Paris**

© M.A. Editions Paris 1985
Tous droits réservés

Couverture : Tract-Illustration
Fabrication : C. et J.D. Dumeril

ISBN : 2 86 676 207X

# I
# Introduction

*... A travers l'histoire et ses incidences temporelles, il a toujours existé chez un petit nombre d'hommes un mouvement dynamique orienté vers l'essentiel. Celui-ci permet d'opérer des percées lumineuses donnant accés au fond d'éternité qui appartient à chaque homme et que celui-ci découvre suivant le sens de sa démarche vers sa profondeur.*

M.M. Davy

L'apparition des ordres militaires — Hospitaliers, Templiers et Chevaliers Teutoniques — traduit la montée, l'impatience d'un extrémisme religieux.

Ces institutions inconnues avant le Moyen Âge surgissent des consciences chrétiennes comme des allégories destinées à magnifier les idées et les conceptions philosophiques de leur époque. Elles exaltent et servent la volonté d'hégémonie de l'Occident sur les civilisations concurrentes.

Le Moyen Âge aspire aux causes communes, aux grands élans, à la démesure, à l'unification. Cela se traduit par de grands rassemblements : pélerinages, édification de cathédrales, guerres saintes. Au sommet de cette agitation créatrice et conquérante, le Temple est l'expression du trop. Il célèbre la magnificence et la fatuité d'une excessive confiance en la civilisation européenne, en soi et en Dieu, habilement confondues. Cette fière assurance se trouve amplifiée par la longue période de doute, de divisions, de recul qui a précédé.

La chrétienté cherche une preuve absolue de suprématie par la création des ordres religieux et militaires, par celle du moine soldat et, plus généralement, par la croisade, toutes inventions dont la foi, notion abstraite et sentimentale, est le fil conducteur, la justification et le dénominateur commun.

Décrire, analyser le phénomène templier par le biais des événements a son intérêt à condition de déceler ce qui les sous-tend et les anime : l'interrogation spirituelle.

Il peut paraître incongru de parler d'interrogation à propos d'une époque où le commun des mortels ne se pose guère de questions sur Dieu, l'Eglise réglant tout. Prêtres, idéologues et fidèles s'appuient sur le même postulat incontesté : Dieu *existe* et il est *chrétien*.

Mais il ne faut pas se laisser abuser par une pensée aussi sûre d'elle même. La certitude de Dieu colmate, calfeutre, étouffe les interrogations fondamentales dans la mesure même où elle ne donne à aucune question l'occasion d'éclore. C'est ainsi en tout cas que l'on peut surprendre le Moyen Âge à travers son histoire, ses créations et ses créatures luxuriantes : péremptoire et anxieux.

La métaphore dont les Templiers décident d'être les acteurs utilise le canevas suivant : pour défricher et explorer un monde aussi touffu, inquiétant, embrouillé que celui de la foi, il faut des guerriers ; pour être à même de combattre et de vaincre le dragon de l'angoisse métaphysique, il faut des chevaliers.

Ainsi, la valeur particulière du Temple est entièrement contenue dans l'idée que les chrétiens du Moyen Âge se font de lui, et dans sa propre raison d'exister. Les dangers et la destruction auxquels s'expose l'être physique permettent plus sûrement à l'âme de s'élever jusqu'à Dieu et de connaître la félicité de la vie éternelle ; voilà l'audacieux pari du Temple. Un pari où l'on devine que les égarements de la personne, de l'égo, et la capacité de perception de l'être par les sens sont confondus.

S'agit-il seulement d'une naïveté médiévale ? Faut-il y voir au contraire une censure de plus exercée à l'encontre du corps déjà bien malmené par la chrétienté ? Les Templiers ne cherchent-ils pas plutôt à tracer une géométrie de l'humain qui, de la sagesse à la barbarie, s'harmoniserait avec le divin ?

La tentative historique et spirituelle de l'ordre du Temple a deux entrées : la foi et l'expérience.

La foi transcende le monde matériel tout en permettant de le prendre pour ce qu'il est et rien de plus.

L'expérience initiatique propose d'emprunter la voie de l'apparence pour s'enquérir de l'invisible. Pour celui qui sait recevoir les messages, lire les signes, voyages et batailles représentent le substrat d'un itinéraire métaphysique.

# II
# Le quartier du Temple

*Quartier : division ou partie d'une ville ; les gens qui y habitent. Lieu où sont casernées les troupes.*

Larousse

# En miniature

Square du Temple à Paris. Sous la fontaine, des enfants s'éclaboussent en riant. Dans le bac à sable, désert en miniature, deux garçons bruns se balancent sur un cheval à ressort. Plus loin, une bande de gamins crient « À l'attaque ! » en dévalant les marches du kiosque à musique. Pendant ce temps, les mères coiffées de fichus bigarrés bavardent dans toutes sortes de langages, indifférentes aux piaillements de la marmaille.

De nos jours, le quartier du Temple rassemble sur les rives de sa petite mare artificielle dialectes et populations du Portugal, d'Algérie, du Maroc ou de Turquie. A deux pas du square, sous les hautes voûtes qui dominent le grand sophora, les marchands juifs du Carreau proposent leurs étalages de vêtements.

S'agit-il d'un clin d'œil adressé par ces chevaliers du Temple partis en Orient et qui établirent ici le dernier quartier général de leur équipée terrestre et céleste ? Il est probable que les lieux gardent longtemps la trace de leur histoire et la révèlent parfois sous des formes anodines.

# L'Enclos du Temple

Pour délimiter le cœur de son royaume, Philippe Auguste fait entourer Paris d'un cerne fortifié dont la construction commence en 1180 et s'achève en 1210.

La Seine irrigue la cité que des gabares approvisionnent en nourriture et matériaux de construction. Sur terre, un petit nombre de portes contrôlent les allées et venues des charrettes, cavaliers et piétons.

Au sud de la ville, des vignobles s'étendent; au nord, le marais, encadré de cultures et de vergers. C'est de ce côté-ci que s'élève la porte dite *du Braque* dont une rue de Paris a conservé le nom.

Franchissons-la. Une voie rectiligne et stable nous conduit fermement à travers un terrain gorgé d'humidité où poussent des herbes aquatiques.

Aussitôt, un ensemble imposant de remparts et de tours aigües qui se dresse à moins d'une demie lieue nous fait penser: «Une autre ville, si près de celle que nous venons de quitter?». Par les dimensions de la muraille, on pourrait le croire. La plupart des villes en ce XII$^e$ siècle n'ont pas une telle superficie.

Il ne s'agit pas d'une ville mais de l'Enclos du Temple, comme posé sur un horizon vide de toute autre construction.

Situé au nord-est de Paris, il forme un quadrilatère biscornu. Sa géométrie inégale montre assez combien son acquisition a déjà une histoire. Ses contours sont délimités par les actuelles rue de Bretagne, de Picardie, du Temple bien sûr, et par une droite qui ferme l'Enclos au Nord et passerait par l'extrémité de la cité Dupetit-Thouars.

Approchons. Des murailles en grosses pierres carrées ferment la citadelle. Apparemment, elles ne mesurent pas moins de vingt cinq pieds, soit plus de huit mètres. Derrière les créneaux, sur le chemin de ronde, des sentinelles se croisent et se recroisent sous de gros nuages ambulants.

De place en place, des tours rondes, ancrées dans le sol, enveloppent les angles du rempart. Entre deux, des tourelles à poivrières, élevées à mi-hauteur, agrémentent la construction. Les toitures de plomb, en forme de cônes, luisent d'un éclat grave et ténébreux. Des empiètements mastocs étayent la muraille. A l'extérieur de cette enceinte qui se déroule interminablement, des jardiniers s'affairent dans les cultures que le Temple possède un peu partout, se relevant de temps à autre pour humer le vent.

# Un réseau

Les historiens se sont évertués à découvrir les origines de l'Enclos et des innombrables propriétés annexes. On sait qu'un donjon existe vers 1146 qui prend bientôt le nom de Tour du « Pet-au-Diable ». Une petite chapelle ronde sert de lieu de culte. Accordées par Louis VI sur intervention de Saint-Bernard, les terres qui entourent les constructions sont peu nombreuses ; l'ensemble suffit pour l'instant à un ordre homologué depuis moins de vingt ans. En 1152, un pont sur la Seine est donné aux Templiers. Ils y font bâtir une grange. Sous le Grand-Pont un moulin leur appartient.

Bientôt, la croissance et la popularité de l'ordre du Temple, sont telles qu'il lui faut rapidement construire de nouveaux locaux. Au XIIIe siècle, les Templiers sont les enfants chéris de la royauté comme de la papauté. Ils reçoivent vers 1272 un vaste îlot au sud de l'église Saint-Gervais où ils rasent tout de go les rares maisons existantes pour y bâtir, deux ans plus tard, le *Nouveau Temple* ou *Meson neuve,* dont les dimensions de la grande salle voutée, évoquent celles des châteaux féodaux. La chapelle est embellie, une tour massive édifiée.

Vers la fin du XIIIe siècle, les Templiers reçoivent en don plusieurs demeures dans ce qui constitue aujourd'hui le quartier des Halles. Les propriétés parisiennes de l'Ordre courent jusque sur la rive gauche. Elles sont éparpillées en une mozaïque de parcelles déjetées au sud, allant de l'actuelle place de la République jusqu'à la Sorbonne. Le tiers de Paris appartient désormais aux Templiers.

Pendant des siècles — et de nos jours encore — les noms des rues traceront, depuis l'île de la Cité, le chemin qui mène au Temple : rue de la Tour-du-Temple, rue aux Boucheries-au-Temple, ruelle des Moulins-du-Temple, rue de la Chevalerie-du-Temple, sans omettre la rue des Blancs-Manteaux. Ces noms n'évoquent pas seulement des ombres, elles décrivent par le détail les activités d'une communauté.

Vers le milieu du XIIIe siècle, les Templiers sont à la tête d'un remarquable patrimoine foncier coupé en deux par l'enceinte de Philippe Auguste : hors la ville on trouve des terrains sans presqu'aucune construction, hormis l'Enclos proprement dit ; *intra-muros,* c'est un dédale de ruelles, un enchevêtrement de petites maisons. Vues en plan, ces possessions forment un réseau mycélien qui relie la maison du Temple au territoire royal.

# La porte s'ouvre

« Où souhaitez-vous loger, mon cousin ? demande en substance Louis à Henri, son royal invité. Au Temple ou dans notre palais ?

— Au Temple, sans nul doute. Vous savez combien j'ai de suite et vous avez là-bas plus de commodités et de logements pour abriter tout le monde. »

Henri III se trompe.

Bien que les bâtiments de l'Ordre soient plus spacieux que les appartements de Saint Louis, il n'y a pas au Temple assez de place pour caser entièrement l'impressionnante escorte du roi d'Angleterre. Des bivouacs doivent être dressés dans la cour de l'Enclos, des serviteurs vont en ville chercher un abri.

Lorsqu'en 1258, au son des trompes et sous les acclamations de la foule qui l'a suivi depuis Paris, le monarque anglais passe la porte fortifiée, il reste saisi par la magnificence des édifices, par l'ampleur des espaces qu'il découvre derrière les austères fortifications.

A main droite, un rang de bâtiments gothiques, âme de cet ensemble urbanistique. Derrière ces façades aux arches ouvragées, décorées de chapiteaux et de statues, s'organise la vie templière.

Le roi s'enquiert, on lui répond que ces constructions servent de logement, de réfectoire, qu'on les appelle auberges et que leur tenue est placée sous l'autorité du commandeur. Elles sont conçues pour accueillir les chevaliers de l'Ordre venus des provinces lors des chapîtres généraux, d'où leur ampleur et la polyvalence de leur emploi.

Auprès des édifices conventuels, une étable, des magasins, et des ateliers utiles à des métiers de toute nature. On cite la sellerie, la ferrerie et la forge, la draperie et la corviserie où sont fabriquées les chaussures, en passant très vite sur ces services réputés vils et souvent tenus par des frères en pénitence.

Le roi lève les yeux. Au fond d'une esplanade bordée de jardins et de vergers, le volume cubique de la Tour-de-César, vieux donjon de grosses pierres blanches, sobre et rude, callé entre ses contreforts et constitué par le simple empilement de trois salles hautes, domine les édifices de l'Enclos. A ses pieds, la corderie. Plus loin, le colombier et l'écurie.

« Quel drôle d'endroit, pense-t-on dans l'entourage du roi. »

Ceux qui croyaient entrer dans un lieu de prières et de dévotions découvrent une enceinte militaire.

Comme s'il avait lu dans les pensées, un haut dignitaire du Temple, désigne l'église qui se profile entre deux bâtiments :

« Ce n'était autrefois qu'une petite chapelle de rien du tout. Imaginez qu'à partir d'une simple rotonde, nous avons étendu à l'ouest le chœur que vous voyez et qui se termine en abside, et élevé à l'est un porche rectangulaire.

— Bravo, s'exclame Henri, je vous reconnais bien là. Unir la piété à l'esprit guerrier, n'est-ce pas ? Le plan de cette basilique s'assemble comme les trois éléments d'une épée : au pommeau de la rotonde vous avez adjoint une nef pour lame et pour poignée ce vestibule ouvragé. »

Henri III décide de marquer son passage au Temple en offrant un fastueux repas au roi Louis IX et à sa cour. La salle principale, dont les murs sont décorés à l'orientale d'armes et d'écus, sert de cadre à ce festin que des chroniqueurs enthousiastes ont relaté. Apportant une note moins profane à leurs précieux reportages historiques, ils avaient consacré autant de mots à la solennelle visite que fit le pape Eugène III au mois d'avril 1147.

Ce jour là, le Saint Père présida un chapitre général de l'Ordre. L'archevêque de Reims et le roi de France l'accompagnaient. La cérémonie célébra la vraie foi à travers l'élite de sa nouvelle chevalerie. La grandeur du rituel prit tous les témoins de l'événement à la gorge. Cent trente chevaliers, pas moins, accourus exprès des quatre coins de l'Europe, étaient alignés devant le pape, les mains posées sur leur épée, fiers comme des archanges dans leurs longs manteaux blancs.

# Refuge

Pour les grands de ce monde, sommités triées sur le volet, le Temple se fait accueillant.

De hauts dignitaires de l'Eglise séjournent dans l'Enclos. En 1230, visite de l'évêque de Soissons; en 1246, l'évêque d'Amiens, conscient de l'honneur qui lui serait fait, demande à être reçu. Les rois, quant à eux, n'ont pas besoin d'autorisation et quoi que le lieu appartienne aux Templiers et à eux seuls, ils ne dédaignent pas en user.

En 1275, en 1283, puis en avril et encore en juin de 1285, des logements sont mis à la disposition de Philippe le Hardi, de la reine et des princes, ce qui laisse supposer l'exercice d'un droit de gîte accordé au roi.

En 1296, Philippe le Bel habite l'Enclos avec toute sa chancellerie. Il y fait, par la suite, de fréquents séjours. Au début de l'année 1302, le voilà installé avec la reine et un abondant personnel. Mais s'il paraît évident que le passage des rois ennobli autant l'invité que les hôtes, il peut arriver que le souvenir laissé soit des plus cuisants.

En 1306, Philippe le Bel décrète un changement brutal de la valeur des monnaies, décision dont il est coutumier. C'en est trop. La population de Paris descend dans la rue, le mécontentement tourne à l'émeute. Effrayé et piteux, le roi est contraint de chercher asile avec ses frères, ses conseillers, ses barons, ses serviteurs et ses gardes — en fait, toute sa maison — auprès des chevaliers du Temple. Les Parisiens ne lâchent pas prise. Ils encerclent l'Enclos et, ne parvenant pas à enfoncer les portes, organisent le blocus. Les livraisons de viandes sont interceptées : il n'existe pas de boucherie à l'intérieur des murailles.

L'armée réagit et la famille royale s'en tire au prix d'une répression féroce. Arrestations, exécutions. Mais le fait est là. Pour la première fois, le roi a sollicité le Temple pour sauver sa tête et son pouvoir.

Philippe le Bel témoignera sa gratitude à ceux qui assistèrent de près à cette humiliation en organisant leur destruction.

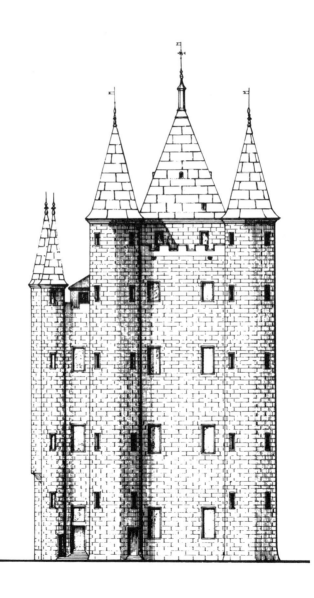

# Derrière les grilles

Les Templiers sont maîtres chez eux. De nombreux privilèges ont été accordés à la maison mère. Par l'Eglise, par le roi.

Dans l'Enclos, l'Ordre a droit de haute et basse justice.

Souvent l'évocation du Temple de Paris se réduit, pour le public, à son sinistre donjon, grand dévoreur de célébrités historiques. Construit assez tard, vers 1265-1270, postérieurement à la primitive Tour-de-César, ce *Fort-Knox* de la congrégation abrite d'abord les richesses de l'Ordre.

Occasionnellement, Philippe le Bel y jette quelques prisonniers de haut rang. En 1315, c'est Enguerrand de Marigny, son ministre favori qui vient y croupir avec ses co-accusés; le pli est pris. Le donjon abrite le trésor, l'arsenal, les provisions de poudre tout en faisant conjointement office de prison d'Etat.

La prison de ville se situe dans l'édifice qui constitue la porte d'entrée de l'Enclos, une bâtisse percée d'une grande et d'une petite porte et flanquée de tours massives. Les casemates et les cachots, dont certains sont souterrains, voisinent avec une chapelle destinée aux prisonniers.

Faut-il rappeler que, dans un cynisme parfait, Philippe le Bel fera enfermer les Templiers eux-mêmes dans leur propre donjon et que, plus de quatre siècles après, Louis XVI et la famille royale — à l'exception de sa fille Marie Thérèse (Madame Royale) — y vivront sa dernières heures? Ultime vestige de ce qui fut l'Enclos au temps des chevaliers, il sera abattu à la fin du XIX$^e$ siècle.

# III
# L'Ordre et la Règle

*Non nobis, Domine, non nobis sed nomini tuo da gloriam.*

*(Non pas à nous, Seigneur, non pas à nous, mais à ton Nom seul donne la gloire).*

Devise du Temple.

# Hugues et Bernard

Hugues de Payns, chevalier champenois, a quitté la France pour aller s'agenouiller devant le tombeau du Christ. Pour le salut de son âme, n'est-ce pas assez ?

Parvenu au terme de son pèlerinage (probablement vers 1119) il décide de fonder en Orient, avec quelques compagnons, un ordre religieux d'un genre particulier.

*La grande affaire du Moyen Âge, c'est la Guerre sainte, la croisade,* écrira Jules Michelet. Le chevalier de Payns, fortuné, déjà âgé, a été touché par le mysticisme enthousiaste que sécrète soudain la chrétienté. Il a entendu l'appel frénétique du pape qui a enjoint villageois ou suzerains à se rendre au plus près de Dieu sur terre, à Jérusalem.

Au cours de son équipée, il a découvert quels étaient les pièges, les risques encourrus par des pèlerins souvent désarmés. Il a vu les hordes de brigands, surgis des hauteurs, venir détrousser et massacrer les voyageurs qui touchaient au but. Cette dernière injustice a révolté le chevalier : après avoir bravé le climat, la soif, les fièvres et les épidémies, s'en demeurer là, crâne fracassé, ventre ouvert, quand se profilent dans le lointain les coupoles d'or de la Ville sainte...

Hugues de Payns rallie son ami Geoffroy de Saint Omer à son idée. « C'étaient deux hommes vénérables, écrit Jacques de Vitry en 1597 dans son *Historia orientalis*. Au début, il n'y en avait que neuf qui prirent avec eux une décision aussi sainte... Par des vœux solennels, prononcés devant le patriarche de Jérusalem, ils s'engagèrent à défendre les pèlerins contre les brigands et ravisseurs, à protéger les chemins, et à servir de chevalerie au souverain Roi. Ils observèrent la pauvreté, la chasteté et l'obéissance, selon la Règle des chanoines réguliers. »

Parmi ces hommes figure un certain André de Montbard dont le neveu n'est autre que Bernard, le saint fondateur de l'abbaye de Clairvaux. Très écouté du pape, Saint Bernard soutiendra les objectifs des Templiers et contribuera à leur donner leurs statuts et leur Règle.

*Clément V*

# La foi et l'Épée

Bernard de Clairvaux professe la doctrine de Saint Augustin. Il dit : « L'homme est impuissant s'il reste inerte. La contemplation n'est qu'un loisir. L'homme doit exercer sa puissance sur la nature et sur la société. L'activité est le principe du salut. Le devoir de l'homme consiste dans la connaissance de Dieu, dans la pratique de la continence, de la chasteté, de l'obéissance, du dévouement, du sacrifice, du travail. L'oisiveté est l'ennemie de l'âme. L'homme doit lutter et combattre contre la matière. La foi qui sauve l'âme conduit à la conquête du ciel. »

Et A. Lavocat* de commenter (1) :

« Ce n'était pas assez pour Bernard : la foi et l'épée devaient d'un commun accord agir, combattre pour le triomphe du dogme et de l'unité catholique, car la couronne ne se remporte pas sans combat. Il fallait à l'abbé de Clairvaux une religion armée, une religion militante : c'était à l'aide de la croix et de l'épée que Charlemagne avait fondé l'empire (...) Bernard voulait associer pour la conquête et la conservation de la Terre sainte l'épée spirituelle et l'épée temporelle, qui, à cette époque, étaient solidaires en matière de gouvernement et de juridiction. « Il faut sortir les deux glaives », écrit-il au pape Eugène... Bernard croyait à l'utilité d'une milice d'élite permanente, composée de chevaliers catholiques de toutes nationalités revêtus du double caractère religieux et militaire, assez puissante pour servir d'avant-garde aux armées de la foi. »

Cette alliance de la foi et de l'épée, conception typiquement médiévale, trouve une illustration parfaite dans le métier de roi tel que Saint Louis l'exerçait :

« Sa réussite hors de pair émane de l'unité profonde entre sa vie de foi et sa fonction, telle qu'il l'a

---

\* Pour l'ensemble des citations de ce livre se reporter à la bibliographie en fin d'ouvrage.

reçue, écrit Régine Pernoud (2). Étant roi, il l'a été jusqu'à devenir saint. C'est en dépassant ses réactions propres, en allant au délà de lui-même qu' (...) il ménage la paix et la prospérité pour son peuple : alliance de la mystique et de la politique, réalisée par une réponse toujours positive à l'appel de Dieu. »

# Le Temple de Dieu

Ils s'intitulent d'abord *Pauvres chevaliers du Christ* mais « parce qu'ils n'avaient pas d'église ou d'habitation qui leur appartint, dit Jacques de Vitry, le roi de Jérusalem les logea dans son palais, près du Temple du Seigneur... et pour cette raison on les appela les Templiers. »

De l'ancien temple de Salomon, le *Templum Domini,* dont les plans étaient censés émaner de Dieu lui-même, les musulmans avaient fait la mosquée el-Aqsâ.

Cet édifice au passé éblouissant, marqué par les civilisations de l'antiquité et les grands courants religieux de la méditerranée, jouxtera la maison chevêtaine que l'Ordre occupera jusqu'à la perte de la Ville sainte.

Dans le *Dictionnaire des symboles* (3) la signification du temple est ainsi donnée : « Le temple est un reflet du monde divin. Son architecture est à l'image de la représentation que les hommes se font du divin... Le mot même de temple est lié à l'observation du mouvement des astres. Le *templum* signifiait primitivement le secteur du ciel que l'augure romain délimitait à l'aide de son bâton et dans lequel il observait, soit les phénomènes naturels, soit le passage des oiseaux ; il en est venu à désigner le lieu, ou l'édifice sacré, où se pratiquait cette observation du ciel. » Et, plus loin, en se référant à la Franc-Maçonnerie : « Le temple peut être considéré comme une image symbolique de l'Homme et du Monde : pour accéder à la connaissance du Temple céleste, il faut réaliser en soi-même, vivre en esprit, sa reconstruction et sa défense... L'orientation même du Temple, avec l'entrée à l'Occident et le siège du Vénérable à l'Orient, à la manière des cathédrales, est elle-même un symbole. Le Temple symbolise le chemin qui mène de l'Occident à l'Orient, c'est à dire vers la lumière. »

Enraciné dans une symbolique aussi riche, le destin des Templiers, parmi celui des autres moines soldats, ne peut qu'être chargé de sens.

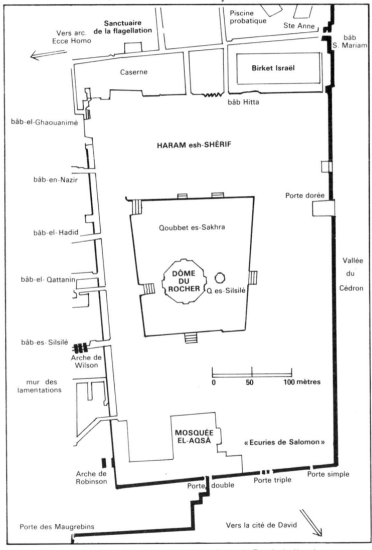

Plan de Jérusalem, extrait de l'ouvrage de André Parrot : *Le Temple de Jérusalem.*

# C'est la faute de l'Islam

Ainsi, la création de l'Ordre obéit à une nécessité, à une urgence. En cela, les Pauvres chevaliers n'innovent pas vraiment.

Avant eux, les Hospitaliers se sont fixés en Terre sainte dans le but d'accueillir et de soigner les croisés, malades ou blessés.

S'il faut en croire les Templiers, l'action qu'ils projettent sera conjoncturelle et limitée. Du moins est-ce de cette manière qu'ils la présentent à la société et à l'Église de leur temps : assurer la sécurité des chemins, qui mènent au Saint-Sépulcre. Le destin traitera cette humble et sibylline déclaration d'intention comme un chiffon de papier.

A la mort de Charlemagne, l'Europe a volé en éclat. Les héritiers se sont partagé l'empire carolingien. Au IX$^e$ siècle, cette division empêche les pouvoirs de résister aux nouvelles invasions. La force n'est plus centralisée, chacun se bat pour lui-même. C'est l'instauration des fiefs et de la féodalité. De petits territoires ont à leur tête un duc ou un prince aux préoccupations médiocres et qui, hanté par la nostalgie de l'unité, guerroie contre ses proches voisins pour se donner l'illusion de construire un semblant de royaume. Dans cet embrouillamini, le seul élément fédérateur auquel l'Europe peut adhérer est de nature spirituelle. Dieu, l'Eglise, le Christ. La fondation de l'abbaye de Cluny au X$^e$ siècle amorce cette résurrection par le sentiment religieux.

Les invasions ont cessé. Lassés de tourner en rond, d'engager des conflits inutiles et épuisants, les barons font le consensus, comme il est de règle, sur le dos d'un troisième adversaire : c'est la faute de l'Islam.

Ne s'est-on pas perdu soi-même à travers ces tiraillements mesquins, ces affrontements meurtriers alors que la foi est identique de l'Italie à l'Angleterre? A-t-on déjà oublié la leçon de l'empereur Constantin? La rupture entre Rome et Byzance? Va-t-on se ressaisir avant que ne saute à nouveau le verrou de la foi? La civilisation chrétienne occidentale, minée de l'intérieur, n'a pu empêcher les Maures de venir prier Allah jusqu'à Cordoue.

L'Islam a conquis mais il est moins fort qu'au temps de ses conquêtes. En Espagne, son recul se dessine tandis que l'Europe chrétienne connait un regain de foi. L'Islam, le grand Satan, l'infidèle, l'Islam doit être puni. Il faut profiter de l'occasion qui est donnée. Si l'infidèle est l'autre, Dieu ne peut être que de ce côté-ci où l'on se fait fort désormais de régler son compte au monde musulman.

C'est dans cette vision politique et idéologique que croisades, pélerinages et ordres monastiques se développent tout à coup.

# Jérusalem, capitale céleste

Depuis le VIIe siècle, les musulmans contrôlaient Jérusalem. L'Islam vénérant la ville, les Lieux saints avaient été épargnés et les pélerinages chrétiens, simples aller-retour, s'étaient poursuivis, en se raréfiant toutefois : gagner Jérusalem parmi les batailles et échauffourées permanentes devenait de plus en plus risqué.

En novembre 1095, le pape Urbain II avait répondu aux aspirations de l'Europe en prêchant avec fanatisme la première croisade, lors du concile de Clermont. Le peuple inorganisé, impréparé et pillard s'était répandu sur les routes d'Europe, emmené par Pierre l'Ermite, et avait bientôt été anéanti par les Turcs. Après quoi les barons, placés sous la conduite de Godefroi de Bouillon, étaient entrés en vainqueurs dans Jérusalem, en 1099.

Dès lors l'accès à la capitale originelle de la chrétienté devait être protégé et la ville défendue. Un grand nombre de Croisés avaient convergé vers la Ville sainte, espérant purifier leur âme en trempant leur épée au sang de l'infidèle.

Pour la chrétienté, Jérusalem est un lieu primitif, initial, sauvage. L'essentiel de la dramaturgie chrétienne s'est déroulée sur cette terre. Retrouver Jérusalem, c'est renouer avec l'unité des origines, antérieure à l'Eglise organisée, au dogme, à la philosophie. C'est plonger à corps perdu dans un univers d'affrontements et de violence conforme à l'image que Dieu a produit de lui-même dans ce pays, dans cette ville.

# Le sens de la Règle

Confrontés à leur double occupation militaire et religieuse, Hugues de Payns et ses compagnons, décident de donner une architecture interne à leur association. Son but: régir le fonctionnement, la hiérarchie de l'Ordre, définir rôle, servitudes et privilèges du Temple dans la grande communauté ecclésiastique.

A la fin de 1127, de Payns retourne en Europe où il est reçu par le pape. Saint Bernard l'assiste et appuie sa démarche: doter de statuts les Pauvres chevaliers du Christ et leur accorder la bénédiction de l'Eglise. Devant le concile qui siège à Troyes, le fondateur du Temple explique les raisons de sa pieuse entreprise et demande à recevoir de Bernard la Règle qui encadrera et guidera la vie de son ordre.

L'existence et la grande précision de ce texte, modifié puis adopté par le concile, marque l'envolée du Temple fondé neuf ans plus tôt. C'est un contrat passé avec les autorités religieuses et, plus encore, un contrat que les Templiers signent avec eux-mêmes. Il prend en charge les comportements, les pensées, les rites, l'organisation interne et l'éthique du Temple.

La Règle donne à la congrégation du Temple le pouvoir d'exister, de poursuivre sa tâche au delà des personnes. Si elle s'était seulement appuyée sur un projet militaire ou identifiée à la personnalité d'un leader, fût-il un saint homme, elle n'aurait pu déployer une telle puissance matérielle et spirituelle.

La Règle, inspirée par Saint Bernard, établit une morale mystique, propre à l'esprit de l'époque, condamnant l'orgueil et la gloire, le luxe et le superflu qui ferment l'accès au divin, préconisant les hautes valeurs spirituelles, balayant toute objection sur l'incompatibilité qu'il y aurait entre croire et se battre, accumuler les dons et faire vœu de pauvreté.

La Règle confère au Temple une sorte d'éternité. Son verbe demeure après les batailles et les deuils, les déroutes ou les victoires. Elle ancre les frères dans l'histoire terrestre pour leur faire pénétrer les arcanes célestes.

# La Règle du Temple

Concrètement, la Règle du Temple consiste en une succession de textes offrant des variantes selon le rédacteur ou l'époque.

La Règle primitive, écrite en latin, et dont les chevaliers eux-mêmes ont rédigé l'essentiel, est annexée au compte rendu du concile de Troyes en 1128 ; il n'en reste que trois traductions datant des XIIe et XIIIe siècles.

La première comporte soixante douze articles, reflets de la Règle latine. La seconde s'enrichit d'un chapitre traitant de la hiérarchie de l'Ordre, des droits et des prérogatives qui en découlent, des obligations de la vie conventuelle, des costumes, équipements, repas, soins à donner aux malades. La troisième version comporte deux chapitres supplémentaires : l'un réglemente les menues obligations de la vie quotidienne (lever, coucher, services religieux, jeûnes, entrainement physique) ; l'autre organise la vie sociale et morale du couvent (assemblées, confessions publiques, fautes et châtiments). Le manuscrit s'achève par un procès-verbal relatant la réception d'un frère par l'Ordre.

En raison de l'histoire particulière des Templiers, de leur fin dramatique, l'existence de ces copies est une chance pour l'historien tout autant que celle des minutes du procès retrouvées à Notre-Dame de Paris. En effet, un nombre réduit d'exemplaires de la Règle a été réalisé, du temps même des Templiers, les statuts imposant une telle disposition.

Chaque frère n'avait connaissance que d'extraits, l'ensemble du texte étant réservé et transmis aux seuls grands dignitaires, aux commandeurs des provinces et principaux commandeurs des maisons. Ainsi s'élevait la hiérarchie pyramidale de l'Ordre, de la multitude combattante vers l'élite savante.

La Règle est essentiellement transmise oralement, les statuts faisant l'objet de discussions et de commentaires fréquents. Sa diffusion sélective et partielle — *digest* pour les simples frères, interminable feuilleton pour les sommités — cloisonne le Temple, dresse une succession de paliers représentant une approche progressive de la Vérité.

Un autre exemple nous est fourni par les sceaux, confiés légitimement aux dignitaires de haut rang mais dont il n'est fait mention nulle part dans la Règle elle-même. Ce fonctionnement et ces particularités laisse supposer l'existence d'autres statuts, accessibles aux seuls initiés et transmis eux aussi oralement.

Pour les Templiers, la Règle est l'âme, le principe vital de l'Ordre. Que les maîtres disparaissent, se succèdent, soient indisponibles, un principe supérieur demeure auquel chacun peut se référer. Il est l'ultime forteresse du Temple. L'Ordre a-t-il suivi jusqu'au bout ce fil sacré, questionnent les historiens ? La Règle a-t-elle été strictement observée à tout moment et principalement quand la vie du Temple se trouvait menacée, par les Turcs en Orient, puis par le pouvoir royal, en France ? Quoi qu'il en soit, la manière dont elle était utilisée par les Templiers rend incompréhensible les querelles sur l'existence ou non de statuts secrets : la propagation restreinte, parcellaire des textes est en soi une pratique évidente du secret, une mise en application des théories initiatiques propres à la chevalerie (voir la partie V de ce livre).

# Voyage à l'intérieur de l'Ordre

Le maître (ou grand maître, comme l'ont appelé, plus tard, les spécialistes) dirige le Temple sans être, pour autant, investi d'un pouvoir absolu. Ses mérites doivent être proportionnels à l'importance de sa charge. Il contrôle les finances de l'Ordre et a le droit de posséder un trésor personnel. Les décisions capitales sont soumises au chapitre où la majorité décide, la voix du maître n'étant pas prépondérante. Le chapitre vote, par exemple la guerre, l'attaque d'une forteresse, l'accueil d'un nouveau Templier, l'acquisition d'une terre. Des privilèges en nature conséquents sont attribués au maître. Sa *maison* rassemble chevaux, frère sergent, châpelain, clerc, interprète parlant arabe, turcopole, maréchal-ferrant, cuisinier et deux jeunes écuyers préposés à l'entretien du « turcoman », cheval sélectionné pour les actions militaires. Deux frères chevaliers font office d'aide de camp, ils montent la tente ronde lors des campagnes et brandissent le gonfanon pendant les batailles.

Le sénéchal, officier immédiatement inférieur au maître, bénéficie d'avantages matériels importants et sert, en quelque sorte, de vice-maître, devenant chef de l'Ordre en cas d'absence du premier des Templiers.

Haute figure dans la hiérarchie du Temple, en Terre sainte particulièrement, le maréchal. Son autorité se substitue à celle du maître et du sénéchal dès lors qu'ils sont absents.

Dans les provinces, le maréchal est le personnage leader. Sa maison et son équipage ne sont pas très différents de ceux de ses supérieurs. Le commandeur de la terre et du royaume de Jérusalem fait fonction de trésorier principal et de commandant en chef de la province maîtresse de l'Ordre. Il gère les domaines, les fermes, tous les établissements et même les navires situés dans sa juridiction. De son importante suite se dégage le préposé à l'habillement des Templiers, disposant de chevaux et de tentes, et qu'assistent tailleurs, écuyers, hommes de peine.

Le commandeur de la cité de Jérusalem est responsable de la défense des pélerins et de leur ravitaillement. Dix chevaliers le secondent dans cette tâche et assurent la conservation des reliques de la Vraie croix.

Les commandeurs de Tripoli et d'Antioche, comme ceux des provinces de France, de Poitou, d'Aragon, du Portugal, d'Angleterre, de Pouille et de Hongrie, bénéficient d'un pouvoir identique à celui du grand maître dans la contrée qu'ils dirigent lorsque celui-ci n'est pas présent.

Sous cet impressionnant aéropage, des officiers tels que les commandeurs des maisons, les commandeurs des chevaliers font la jonction avec les frères chevaliers, grade enviable malgré tout, puisque bénéficiant déjà de trois chevaux, d'un écuyer et d'une tente de campagne. La catégorie des frères sergents comprend aussi bien les sous-maréchaux, gonfanoniers et cuisiniers qui jouissent d'une grande considération tandis que les frères casaliers, défenseurs des fermes, et les frères châtelains, défenseurs des forteresses, ont le grade de simple soldat dans cette armée de Dieu.

Les turcopoles sont, comme on peut s'en douter, immédiatement préparés au combat contre les musulmans. Ce sont les troupes légères de renfort, placées sous le commandement du turcoplier. Certaines maisons importantes emploient un infirmier et un aumônier.

Formant une caste à part, les frères châpelains sont attachés à l'Ordre pour la célébration des offices religieux. Confesseurs des Templiers — qui ne peuvent s'adresser qu'à eux — ils dépendent directement du Saint-Siège.

Divers grades différencient les châpelains dont certains sont évêques. Un certain nombre de privilèges les autorise à se restaurer à la table du maître, à porter des gants et à faire tailler leurs habits dans des étoffes de premier choix. Outre ces châpelains, des prêtres et des clercs récitent les prières et assistent les offices d'une façon purement fonctionnelle sans droits ni autorité particulière.

C'est par la bulle *Omne datum optimum* que le pape Innocent II a adressé au Temple, en mars 1139, une liste de privilèges avec, parmi ceux-ci, le droit d'avoir ses propres prêtres et châpelains. Ce même document stipule qu'à l'exemple jusqu'ici unique des Cisterciens, les Templiers seront dispensés de la dîme, qu'ils pourront bâtir leurs oratoires et s'y faire enterrer.

Une aussi considérable autonomie, concédée à une communauté religieuse disposant en outre librement des dons abondants qui lui sont faits, ne pouvait que mécontenter le clergé séculier. De fait, les Templiers ne sont assujettis ici bas qu'à l'autorité de Rome et au respect de leur Règle. Ils parlent d'égal à égal avec le clergé dont on sait qu'il est soumis au roi autant qu'au pape. L'indépendance acquise vis à vis de l'Église, c'est au pouvoir temporel qu'elle a été arrachée. En s'en remettant au pape et à lui seul, les Templiers vont vivre leur amour de Dieu, de la guerre et de leur communauté religieuse en toute liberté.

# La morale de l'or

Comment admettre que des chevaliers prétendument pauvres, et qui prononcent des vœux pour le demeurer, acceptent les richesses qu'on leur octroie, quand ils ne les réclament pas eux-mêmes ? Et leurs donateurs, alors ! qui, connaissant la volonté de dénuement de ceux qui les sollicitent, ne semblent pas choqués le moins du monde et accordent, qui un château, qui une forêt... En autorisant les Templiers à posséder et à régir terres et vassaux, faculté normalement réservée au souverain, le concile de Troyes insiste sur le caractère féodal de l'ordre du Temple. La naissance, les origines des fondateurs, encouragés à maintenir une élite sociale parmi les membres de la congrégation est clairement reconnue. La Règle, si différente chez les ordres monastiques classiques, reflète la conformation de la société médiévale.

Lorsque Hugues de Payns et ses compagnons se dispersent à travers l'Europe, frappant à la porte des grands féodaux pour recueillir les fonds dont ils ont besoin, il s'inspirent des communautés religieuses qui les ont précédés, avec souvent deux siècles d'avance, deux siècles durant lesquels les seigneurs n'ont cessé de débourser pour l'Église, pensant acheter leur place au paradis. La tâche s'annonce ingrate. Malgré cela, les résultats indiquent immédiatement la confiance dont bénéficie l'entreprise des chevaliers.

La chrétienté éclairée, fortunée, a besoin de pieux militaires plus encore que de moines. Les *cids campeadores,* sans être moins bons croyants, sont plus efficaces que les ermites ou les reclus. Les fondateurs du Temple sont des leurs, d'un rang social aussi élevé. Ils se sont dépossédés de leurs biens et assurent qu'ils ne posséderont pas ce qu'on leur donne. Vivre sans désir de gloire, sans rien à soi, voilà qui parait admirable à celui qui connait l'aisance et devine le prix du renoncement. Ce désintéressement prôné par des chevaliers, gens de leur caste, flatte les grands feudataires, redore leur honneur, alors qu'ils s'épuisaient à briguer les terres voisines.

L'énorme écho rencontré par les thèmes du dénuement, de l'abnégation, s'explique par le sentiment d'échec né d'une démarche inverse où vanité et égoïsme balayaient tout.

Délégués par une Europe chrétienne en quête d'un salut collectif, les Templiers s'estiment en position d'exiger des gages et des moyens ; ils les obtiendront.

Leur première préoccupation concerne l'intendance : armer, vêtir, nourrir, loger des hommes exposés à la chaleur du jour comme au froid de la nuit. Pour accomplir efficacement son sacerdoce, l'armée de Dieu ne peut s'encombrer de contraintes financières. Les moyens de subsistance ne sauraient manquer à celui qui cultive en soi la présence divine, lui réserve la meilleure place et, si possible, toute la place.

Un risque se profile toutefois. Tandis qu'ils parcourent l'Europe pour collecter des fonds, renforcer leur contingent, les Templiers semblent doublement plaqués au sol continental. D'une part, ils se heurtent aux maures d'Espagne et du Portugal plus fréquemment qu'aux Sarrasins de Palestine et, d'autre part, les succès qu'ils remportent attirent des marques de reconnaissance telles que terres, forteresses et villes même, qu'il faut ensuite administrer et défendre à nouveau : dès 1128, la reine Thérèse du Portugal leur remet les clés du château de Soure, son fils ajoute la forêt du Cera d'où les Templiers délogent les Sarrasins pour fonder la ville de Coïmbra, Raymond III donne Grañena en 1130, puis les châteaux de Monzon et Montjoie, après que les Templiers en aient chassé les Maures.

Robert de Craon succède à Hugues de Payns, reparti en Terre sainte où il meurt au mois de mai 1136. Le nouveau maître, investi un mois plus tard, se comporte tout de suite en véritable organisateur, en chef d'entreprise. Réaliste, pragmatique, il entend faire fructifier l'œuvre reçue en héritage. Il administre le patrimoine, l'augmente. Il tire profit de ces années d'euphorie où la chrétienté déborde d'admiration pour les conquérants du Saint-Sépulcre, et il accroît l'influence du Temple.

Le maître de l'Ordre, gestionnaire des âmes et de la foi, agit en maître gestionnaire. En stratège aussi.

Le Temple implante des bases fortifiées en Orient, organise leur défense avec la ferme conviction que le royaume de Jérusalem ne doit plus seulement représenter un point de convergence mais rayonner, militairement et spirituellement sur le monde afin d'assurer la renaissance de la chrétienté.

# Expansion financière

L'assistance, en principe désintéressée que le Temple propose aux pélerins de Terre sainte va donner naissance à une gigantesque entreprise financière.

Plutôt que d'avoir à acheminer des sommes importantes en Palestine, les chevaliers sont invités à les déposer dans les caisses européennes de l'Ordre qui se charge de les leur restituer sur place dans la monnaie du pays. Il va de soi que cette facilité entraîne le prélèvement d'un intérêt, justifié par le travail accompli par les frères.

L'argent des pélerins est recueilli dans les commanderies qui font office d'agences et qui, pour faire face à la demande, se multiplient. Là, des trésoriers scrupuleux et besogneux veillent aux mouvements d'argent qu'ils consignent dans d'imposants registres. A chaque déposant est attribué une huche personnelle dont seul le trésorier possède la clé. Parfois un double est confié au client. Titres de rente, de propriété, actes officiels emplissent avec le bon argent les petits coffres.

Le trésorier n'accède à la haute hiérarchie de l'Ordre, qu'à Paris aux XII$^e$ et XIII$^e$ siècles lorsque Philippe Auguste, conscient de la sécurité offerte par les murs du Temple, aura transféré le trésor royal dans l'Enclos. Il y joindra ses archives financières, à charge pour le Temple de veiller sur ces richesses et d'en assurer la gestion. Trois fois dans l'année, le détail des dépenses et recettes sera présenté au roi. Enfin considéré, le trésorier exerce toutefois un pouvoir limité : « Le trésorier, écrit Borelli de Serre, exécute sous le contrôle d'un clerc, les ordres transmis au nom du roi par les conseillers plus spécialement occupés de l'administration financière et rendant leurs comptes à des commissions périodiques de révision. Un tel trésorier ne pouvait procéder qu'en qualité de banquier, prenant en charge les recettes et effectuant les dépenses, mais ne s'entremettant nullement dans cette administration. »

Dans chaque commanderie le trésorier est entouré de comptables et de caissiers dont l'occupation principale consiste à assurer les opérations de change. « En effet, l'existence de dizaines de monnaies ayant chacune sa valeur, son poids et son cours, ainsi que le bimétallisme, demandent à tout caissier d'être aussi changeur, d'autant que la monnaie de compte se distingue de la monnaie métallique » (4).

Bientôt les grands de ce monde sollicitent l'ouverture d'un compte auprès des trésoriers de l'Ordre : la reine Blanche de Castille, le frère du roi, Jeanne de Navarre, le comte d'Anjou, le comte d'Artois. Une foule de clients moins illustres se manifestent à leur tour. Leurs noms sont mentionnés dans le *Magnus liber* qui recense les gros déposants. Des livres séparés distinguent les comptes débiteurs des comptes créditeurs. Les personnes solvables obtiennent aisément les prêts qu'elles sollicitent à condition toutefois que ceux-ci soient garantis par ailleurs. Seuls les intérêts sont imprécisément évoqués dans les registres officiels : c'est que l'Eglise a proscrit l'usure et le prêt à intérêt.

Pourtant, alors que le Temple ne cesse de s'enrichir, la papauté ferme les yeux sur ce manquement au respect des biens d'autrui. Mieux : elle applaudit. Le pape Alexandre III écrit en 1162 : « Nous vous permettons de garder pour vous tout le butin que vous prendrez aux Sarrasins. Nous déclarons que votre Maison avec toutes les possessions acquises par la libéralité des princes, par les aumônes, ou de n'importe quelle autre juste manière, demeure sous la tutelle et la protection du Saint-Siège. »

La réussite bancaire du Temple irritera Philippe le Bel. On peut y voir l'œuvre des conseillers financiers italiens dont s'entoura le roi et qui considérèrent ces rivaux en Europe et en Méditerranée d'un très mauvais œil.

# L'histoire et l'éternité

Grâce à son organisation militaire, à ses actions guerrières, à l'ampleur de ses richesses et de ses possessions, l'ordre du Temple a les moyens matériels de devenir une force spirituelle sans égal. Cette utilisation bien comprise des contraintes mondaines a des limites, celles des grandeurs purement historiques et qui s'appellent rapport de force, luttes d'influence, idées dominantes. En s'imposant sur l'échiquier social et politique, le Temple soumet une part essentielle de lui-même à la règle d'un jeu dont le parcours est prévisible : illuminations, égarements, grandeur, décadence, quel que soit l'accomplissement de la spiritualité mise en œuvre.

Dans quelle proportion les préoccupations administratives, financières, politiques ont-elles entamé les aspirations spirituelles ? Les documents et les récits qui nous sont parvenus ne peuvent pas nous éclairer, la vie intérieure est incompatible avec les déclarations et les actes officiels ; elle s'épanouit en secret.

Mais doit-on poser la question de cette manière ? Observons le cas d'Éverard des Barres. Le troisième maître de l'Ordre, désigné en mars 1147, vivra quant à lui une déchirante dualité et il tranchera. Après avoir participé à la croisade aux côtés de Louis VII, il renonce soudain à sa charge et se réfugie auprès des Cisterciens : vie militaire et vie monastique ne peuvent aller de pair. Tandis que le roi, émerveillé par l'efficacité des Templiers, s'inspire de leur organisation pour tenter, à son retour, une réforme de sa propre armée.

Les Templiers n'agissent pas en soldats de la paix. Il convient de ne pas escamoter cet aspect de leur histoire : guerriers entrainés, ils prennent part à des batailles sanglantes, à d'atroces carnages. Ni neutre, ni pacificatrice, leur mission en Orient est brutale ; elle ne s'embarasse pas de l'injonction divine : « Tu ne tueras point. »

# IV
# L'aventure politique

*Nous avons été en spectacle au monde, aux anges et aux hommes.*
            Premier épître de Paul aux Corinthiens.

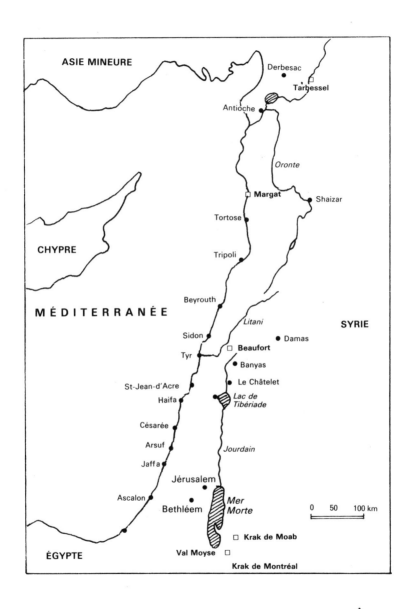

La Terre sainte (extrait de l'ouvrage de Marion Melville, *la Vie des Templiers*. Gallimard.)

# Dans l'arène

Levons le rideau sur l'aventure des Templiers en Terre sainte. Assistons aux duels, aux souffrances, aux grandeurs et aux bassesses, aux combats glorieux ou abominables tels qu'on ne peut les imaginer aujourd'hui qu'en technicolor et sur un grand écran.

Rien ne manque à cette prodigieuse saga orientale : une profusion de personnages systématisés par les chroniqueurs et les historiens. Avec le temps et en raison du nombre relativement réduit de documents, les portraits sont devenus secs ou excessifs. Les traîtres intriguent et trahissent, les ambitieux convoitent et obtiennent, les grandes âmes se couvrent de gloire et rayonnent au panthéon de la foi et de l'art militaire. Le mélo, le romantisme, l'à peu-près sont passés par là, sans effacer toutefois l'essentiel : ce que l'on pourrait appeler la *réalité mythologique* ne retenant que les aspects universels de l'anecdotique.

Idéal chevaleresque, foi capable de déplacer les montagnes, spiritualité exacerbée sont les aiguillons d'une tentative, d'une espérance, qu'on devine à travers la série d'interrogations que le chevalier médiéval se pose au moyen des connaissances, de la culture de son époque.

Peut-on mettre à bas, réduire à néant les contingences du monde matériel par la foi religieuse ? se demande-t-il, sans se douter peut-être qu'il cherche aussi à se débarrasser de la foi pour se libérer tout à fait.

Autre interrogation : une dimension supérieure de soi existe-t-elle seulement dans une vie future ou peut-elle nous être contemporaine ? Et le Christ, Dieu fait homme, est-il, comme on l'assure, le meilleur guide pour une telle quête ?

C'est à travers ces filtres qu'il faut regarder les joutes qui se sont déroulées dans l'arène palestinienne. Les combats, dans leur rage destructrice, dans leur soif inextinguible de conquête illustrent au pied de la lettre, de façon tantôt sublime, tantôt naïve, cette lutte pour la suprématie de l'esprit sur la matière.

De l'éternel sur le provisoire.

# Chevaliers modèles

Leur manteau blanc d'homme du désert claque derrière eux quand ils s'élancent à cheval. Au dessus du cœur ils arborent la croix vermeille que leur a octroyé le pape Eugène III, venu tout exprès à la maison du Temple de Paris au mois d'avril 1147. « Qu'elle vous serve de bouclier et vous aide à ne jamais fuir devant l'infidèle », s'était exclamé le Saint-Père.

Les Templiers avaient adhéré aux paroles du pape qui leur rappelait la formule écrite par Saint Bernard peu de temps auparavant dans son éloge *De laude novae militiae :* « Allez donc de l'avant avec assurance ! »

Ils vont en effet, guerroyant entre cieux et sables, rarement lavés, sales de poussière, les cheveux coupés ras, le poil négligé, hirsutes, la peau tânée par la chaleur. Sous ces figures qui évoquent la légion et le western, Saint Bernard perçoit l'éclatante perfection du héros illuminé : « Ce chevalier du Christ est un croisé permanent engagé dans un double combat : contre la chair et le sang, contre les puissances spirituelles dans les cieux. Il s'avance sans peur, ce chevalier en garde à droite et à gauche. Il a revêtu sa poitrine de la cotte de mailles, son âme de l'armure de la foi. Muni de ces deux défenses il ne craint ni homme ni démon. » (5) Bridant son enthousiasme, le bouillant abbé de Clairvaux poursuit sur le ton de la chronique : « Ils vont et viennent sur un signe de leur commandeur ; ils portent les vêtements qu'il leur donne, ne recherchant ni d'autres habits ni d'autre nourriture. Ils se méfient de tout excès en vivres ou en vêtements, ne désirant que le nécessaire. Ils vivent tous ensemble sans femmes ni enfants. Et pour que rien ne leur manque de la perfection angélique, ils demeurent tous sous un même toit, sans rien qui leur soit propre, unis par leur Règle dans le respect de Dieu. On ne trouve dans leur compagnie paresseux ni flâneurs ; lorsqu'ils ne sont pas de service (ce qui n'arrive que rarement) ou entrain de manger leur pain en rendant grâce au Ciel, ils s'occupent de réparer leurs vêtements et leur harnais déchirés ou déchiquetés; ou bien ils font ce que leur maître leur commande, ou ce que les besoins de leur Maison leur indique. Nul n'est inférieur parmi eux; ils honorent le meilleur, non le plus noble; ils se font des courtoisies les uns aux autres, et pratiquent la loi du Christ en s'entraidant.» (6)

A travers ces louanges Saint Bernard aborde le double rôle des Templiers. Une mission officielle, proclamée et spectaculaire: mercenaires de la chrétienté, ils assurent la protection du royaume de Jérusalem. Plus secrètement, ils sont un modèle d'abnégation pour une chevalerie avide et arrogante. Du coup, l'élévation morale et spirituelle n'est pas étrangère au métier des armes dès lors qu'il est exercé pour la bonne cause. Les Templiers brillent au firmament de l'exemplarité, et Saint Bernard a beau jeu de railler les chevaliers pervertis:

«Vous affublez vos chevaux de soieries, et vous voilez vos cottes de mailles de je ne sais quels chiffons.

Vous peignez vos lances, vos écus et vos selles, vous incrustez vos mors et vos étriers d'or, d'argent et de pierre précieuses. Vous vous parez pompeusement pour la mort et vous courez à votre perte avec une furie sans vergogne et une insolence effrontée. Ces oripeaux sont-ils le harnais d'un chevalier ou les atours d'une femme?». (7)

Guillaume, personnage principal du livre de George Duby (8) témoin des Templiers puis Templier à son tour, observe le comportement particulier des frères de l'Ordre, conscients de la charge symbolique dont ils sont investis:

«Durant le pélerinage qui le fit séjourner plusieurs mois en Terre sainte en 1185, Guillaume le Maréchal a pu voir en action et dans la plénitude de leur puissance ces moines guerriers. Il les a observés, mettant leur corps en péril dans la lutte pour le Christ, tout en demeurant strictement astreints à la discipline monastique, s'imposant d'obéir sans hésitation ni murmure, ne possédant rien en propre, ne touchant pas aux femmes, s'interdisant la jactance, le jeu, tous les ornements inutiles. Il les a admirés en connaisseur, combattant, joyeux, plus efficacement que quiconque. Il a jugé qu'en leur personne se conjuguent les mérites des deux catégories dominantes de la société humaine, l'ordre des religieux et celui des chevaliers, que ces hommes se placent pour cela, de toute évidence, aux avant-gardes de ceux qui gagneront le paradis. »

En Terre sainte le Temple s'est d'abord fixé de ne pas attiser la haine religieuse. Robert de Craon a favorisé une certaine tolérance de la foi musulmane ayant en mémoire les préceptes conciliateurs de son prédécesseurs, Hugues de Payns : « Tendre à la réalisation d'un équilibre entre Francs et musulmans. »

Le roi le plus pathétique du royaume d'Orient, Baudoin IV, tentera d'appliquer cette grande idée. Il deviendra le chrétien le plus admiré de l'Islam.

# Saladin

Lorsqu'en 1137 nait Salah-ed-Din Yousouf ibn-Ayyoub, Saladin, à Takrit en Mésopotamie septentrionale, les musulmans sont divisés. Autrefois, les califes descendaient tous d'Abbas, oncle de Mahomet. A la mort du calife Ali, gendre du Prophète, la succession est contestée. Les partisans d'un calife élu s'opposent à ceux qui exigent de maintenir ce califat dans la descendance de Fatima, fille de Mahomet.

Les partisans du vote l'emportent, les *fatimides* refusent de s'incliner. C'est le Grand schisme (ou Chiisme).

Les chiites, en donnant le titre d'Iman aux descendants du Prophète, ne lui accordent qu'un rôle de directeur spirituel.

Et pour cause. Les sultans en place sont des Turcs qui ont conquis tous les pouvoirs et n'ont laissé aux descendants d'Abbas que des responsabilités religieuses.

Bientôt le chiisme se divise en sectes. La plus importante, les Ismaéliens vénère le calife qu'ils installent en Égypte, au Caire, et qui rivalise avec le calife élu de Bagdad.

L'Islam s'est désagrégé sur tous les plans : l'Europe chrétienne a mordu sur son territoire et retrouvé une unité à ses dépens. Les musulmans sont mûrs pour suivre aveuglément un leader, qui serait aussi grand chef de guerre que guide spirituel.

Fils d'un officier Kurde, le jeune Saladin participe à une opération militaire lancée par son oncle Shirkûh contre le faible califat d'Égypte. Alors que ses armées se sont emparées du Caire dont il fait assassiner le vizir, son oncle meurt. Saladin réagie aussitôt : en 1169 il devient vizir, supprime le califat fatimide du Caire et place Égypte et Syrie sous la tutelle du calife de Bagdad. En 1171, il se proclame sultan et, après avoir rassemblé l'Égypte derrière lui, engage la reconquête de la Syrie.

Bientôt, le royaume de Jérusalem sortait de sa confiante torpeur en découvrant un peuple musulman uni et combatif.

# Baudouin IV

Face aux visées de l'ardent Saladin se trouve le plus pitoyable des rois. Enfant, Baudouin IV porte déjà les stigmates de la mort. Miné par la lèpre, il dépérira physiquement, par degrés, sans que rien n'atteigne ses facultés intellectuelles, sa grande intelligence de stratège, son humanisme, sa conviction de croyant et de guerrier, son comportement éclairé de chevalier.

Ses qualités semblent rehaussées, avivées par l'effroyable acharnement de la maladie. On dirait que l'homme a renoncé à la santé du corps pour se consacrer entièrement à l'épanouissement de l'esprit. Il y a sans nul doute dans cette figure très particulière de la chrétienté médiévale une dimension symbolique. Le régne de Baudouin IV intervient à ce moment de la Guerre sainte où le clan européen, le Temple, le royaume de Jérusalem sont à leur apogée alors que Saladin, décidé à reprendre l'initiative, apparait comme le vainqueur de demain, le fossoyeur de la chrétienté en Orient.

Baudouin ressemble à son peuple, pugnace et condamné.

Au cours de son régne, tout en menant inlassablement le combat contre l'infidèle, Baudouin IV perçoit les craquements internes de son royaume. Il réussira tant bien que mal à contenir les dissensions de son entourage et à réparer les fautes de ses proches. A sa mort, ce festival de bassesses et de traîtrises se déroulera sans retenue.

Amaury, le père de Baudouin, meurt du typhus à l'âge de 39 ans, le 11 juillet 1174. Amaury a tenté de conquérir l'Egypte mais il a échoué. Les deux puissants royaumes d'Égypte et de Syrie se sont prudemment réunifiés et ils se referment maintenant comme une mâchoire sur Jérusalem.

Baudouin a treize ans et on lui attribue un précepteur illustre: Guillaume de Tyr, reporter pour la postérité des événements liés aux croisades et à l'ordre du Temple.

Pour l'instant, personne n'a encore discerné chez le jeune roi les symptômes d'une maladie. Au contraire. On loue son extraordinaire résistance à la douleur. Dans les bagarres avec des garçons de son âge, il est le seul à ne jamais se plaindre. Ce stoïcisme excessif finit par alerter l'entourage du petit monarque. La lèpre est diagnostiquée. Déjà, les membres du roi sont devenus totalement insensibles. Pour Baudouin, rien n'est changé : il néglige sa maladie comme lorsqu'il s'ignorait malade, acceptant totalement son sort.

Certains grands du royaume espèrent tirer profit de l'infirmité du souverain. On assiste à des manigances, à des assassinats.

Baudouin désigne son régent, le comte de Tripoli. Ainsi, le jeune monarque indique clairement sa ligne politique. Tripoli fût autrefois capturé par les Sarrasins. Traité en prisonnier de marque, il a pu observer les mœurs des musulmans, apprendre leur langue et tisser des liens personnels avec son vainqueur, Saladin. Il connait la sévérité du sultan ainsi que son respect des engagements et ses pratiques chevaleresques. En même temps qu'un homme de confiance, c'est un expert du monde arabe que s'adjoint le roi.

La combinaison de ces deux hommes, appuyant leur action sur le dévouement des chevaliers du Temple, va faire merveille. Saladin a qui tout souriait connaît une série de déroute : Homs, Damas, Andjar. Et Baudouin n'a que 15 ans. Le sultan, dénombrant ses pertes, commence à craindre ce jeune roi atteint d'une maladie dont on ne guérit pas et, dans le secret de son âme, l'admire. « En dépit de son mal, il chevauchait comme un homme de guerre chevronné. Aucun de ses prédécesseurs n'eut si tôt, semblable notion de la dignité royale, de son utilité. Percevant les rivalités de son entourage, il avait compris combien nécessaire était sa présence à la tête des armées. Mais quel dut être son calvaire ! Aux souffrances physiques s'ajoutait l'angoisse morale : son état lui interdisait de se marier, d'avoir un enfant. Ce n'était qu'un mort-vivant, un mort couronné, dont les pustules et les purulences s'enveloppaient de fer et de soie, mais que maintenait debout, que poussait vers l'action, on ne sait quel souffle de miracle. » (9)

## Au coude à coude

Ascalon, port fortifié entre Jaffa et Gazza, jour de la Sainte-Catherine, 1177. Sur la plage, un cavalier galope bride abattue. D'un bond il franchit le raidillon qui débouche sur le portail. Pris de panique, il crie pour qu'on lui ouvre :

« Les Sarrasins ! Ils ont passé la frontière. Saladin menace Jérusalem ! Ses troupes marchent sur Gazza, elles seront ici d'une minute à l'autre. » Aussitôt l'horizon se brouille, dans un nuage de sable l'ennemi se déploie silencieusement. Baudouin IV séjourne dans la ville, maigrement escorté par une petite compagnie de soldats. Dans le pays on s'était habitué au calme et on avait négligé les plus élémentaires précautions. Immédiate, la décision du souverain surprend ses hommes : quelle que soit l'ampleur de l'attaque, il faut en priorité voler au secours de la Ville sainte. C'est là qu'est le Christ, là aussi que se trouve Saladin.

Deux écuyers aident lestement le roi à se hisser en selle, puis le callent avec des sangles. A voir les précautions qu'ils prennent, peut-on raisonnablement imaginer que cet infirme de dix-sept ans va fondre sur l'ennemi et le combattre sans défaillance ?

Pourtant ceux qui le suivent n'en doutent pas. La couronne, juchée sur le heaume de Baudouin, scintille au soleil, aimante les regards, stimule les ardeurs. Par les portes que l'on ouvre, c'est une horde d'insensés qui s'élance, appelant Dieu sur tous les tons et se moquant des avant-gardes ennemies.

Les soldats de Baudouin, si peu nombreux qu'on les dirait en route pour une partie de chasse, foncent en direction de Jérusalem, convaincus qu'ils réussiront à prendre le gros de l'armée de Saladin à revers. Au dernier moment, quatre-vingts chevaliers du Temple sont rameutés. Ils arrivent ventre-à-terre et rejoignent le roi avant que le souverain n'ait engagé le combat contre les Sarrasins dix fois supérieurs en nombre. Et c'est le miracle. L'intrépidité, la folie l'emportent.

Les Templiers ralliés au roi font merveille. Les Sarrasins, battus au cours d'un échange terrible et expéditif, refluent vers l'Égypte.

# Renaud de Chatillon

Comme en réponse aux succès du roi, la petite cour de Jérusalem fomente la discorde. La propre mère du souverain cherche à brouiller son fils avec le comte de Tripoli; le retour de l'ex-prince d'Antioche, Renaud de Châtillon, libéré par les musulmans, favorise ses plans. Aigri par son séjour dans les geôles ennemies, séjour qui l'a empêché de batailler et d'assouvir ses ambitions, de Châtillon n'a qu'une idée en tête : se venger des Sarrasins en reprenant les armes.

De son côté, Baudouin a passé des accords avec Saladin. Se souvenant qu'autrefois les pélerins chrétiens avaient accès au Saint-Sépulcre, le roi de Jérusalem s'est engagé à ne pas inquiéter les pélerins musulmans qui se rendent à la Mecque.

A la manière d'un vulgaire brigand, ravi de joindre la provocation au profit, Renaud de Châtillon détrousse une caravane musulmane. Devant le désaveu de Baudouin qui ordonne qu'on restitue les biens et qu'on libère les prisonniers, le pillard fait la sourde oreille. Saladin décide d'organiser les représailles; il conduit une expédition punitive en Galilée, brûlant les récoltes, s'emparant du bétail, répandant la terreur parmi les populations.

Le coupable s'émeut, non point tant des ravages qu'on lui rapporte mais du danger qu'encourent ses propres terres. Il implore le pardon du roi qui accourt lui prêter main forte. Saladin est à nouveau mis en déroute au mois de juillet 1182.

N'osant pas mettre en place de nouveaux traquenards sur terre, Renaud de Châtillon se tourne vers les navires chargés de pélerins musulmans et les arraisonne. En réponse, le sultan coule les bâteaux francs et met le siège devant le château de Renaud. Animé d'une insatiable indulgence, Baudouin une fois encore sauve son vassal.

Entre-temps, les combines ont eu raison de

l'entente entre roi et conseiller. Raymond de Tripoli a abandonné la régence et s'est retiré chez lui à Antioche. Pressé par son entourage, Baudouin fait appel au maître du Temple, Eudes de Saint-Amand pour succéder au comte Raymond.

L'événement montre combien les préoccupations spirituelles se sont effacées devant les aspirations politiques. Les frères de l'Ordre se trouvent, en raison des choix de ceux qui les commandent, de plus en plus impliqué dans les affaires de cour, dans les actions de conquête. Cela dit, que savons-nous aujourd'hui de ce qui se passait derrière les murs fortifiés des couvents et dans les consciences des moines ? L'élite de ces chevaliers était-elle authentiquement constituée par ceux qui, maître, sénéchal ou autres, faisaient parti du cercle des princes et des barons ou, plus probablement à cette époque, par l'armée des combattants avec leur abnégation et leur obéissance mystique ?

# Incursion politique

Chevalier autant que souverain, Baudouin IV veille à demeurer fidèle aux traités conclus avec les musulmans. Il s'oppose, malgré les récriminations de la cour, à la construction de nouvelles forteresses frontalières.

Le maître du Temple, lui, estime avoir les mains libres. Aucun accord ne le lie aux infidèles. Venant tout juste d'entrer en fonctions auprès du roi, il fait entreprendre, pendant l'hiver de 1178, la construction d'une imposante citadelle, le Châtelet qui, à l'endroit dit le *Gué de Jacob* couramment emprunté par les Sarrasins pour s'aventurer en Galilée, devrait impressionner l'ennemi et verrouiller l'un des points faibles de la frontière. Ecartelé entre l'envie de tenir des engagements qui excluent une telle construction pendant les trêves et séduit par le confort stratégique apportée par la forteresse, Baudouin IV finit par se laisser convaincre. La raison d'État l'emporte et le Temple avec elle. Le roi envoie ses soldats protéger les bâtisseurs et, l'œuvre terminée, installe dans le Châtelet une garnison de 1500 mercenaires aux côtés d'une soixantaine de Templiers.

Une fois le fort achevé, le maître s'enhardit. Il conseille au roi d'avancer plus avant son armée chez l'ennemi. Mais les troupes de Saladin se portent au devant des envahisseurs. Sans hésiter, les Templiers décident de relever le défi. La plupart d'entre eux sont faits prisonniers et le maître doit capituler. Baudouin, épaulé par ses gardes, en réchappe.

Cette victoire sur son propre sol ne satisfait pas le sultan. Il marche jusqu'au Châtelet, l'investit et, pour décourager toute offensive future, décapite les Templiers qu'il y trouve. Eudes mourra en prison. Les détails de cette fin sont connus et nous font mieux appréhender la distorsion apparente entre la richesse du Temple et la pauvreté monacale de ses membres. Saladin propose la liberté du maître contre rançon. Le

Templier rejette le marché, arguant des usages de l'Ordre :

« Je ne puis offrir que ma ceinture et ma dague car c'est tout ce que je possède. »

Dans le Temple même, des tiraillements apparaissent. Imitant les pratiques de cour, des clans s'opposent lors de l'élection du nouveau maître. L'unité de l'Ordre est soumis à rude épreuve au pays des fièvres et des butins, et Arnaud de Torroge qui succède à Eudes en septembre 1184, semble bien avoir été choisi parmi les Templiers d'Espagne, à l'écart des querelles de la Terre sainte, pour tempérer l'agitation des chevaliers d'Orient.

# Guy de Lusignan

Jusqu'à son dernier souffle, au prix d'une incroyable ténacité, Baudouin occupe le trône de Jérusalem ; jusqu'au bout il anime les batailles, menant ses troupes de victoire en victoire.

Pourtant, la maladie a tout envahi. Aveugle et presque entièrement paralysé, le roi dirige les opérations militaires, sur le terrain, à demi couché sur une litière.

Les chroniqueurs prétendent que le sultan musulman aurait parfois rompu le combat par pur respect pour le courage de ce roi chrétien. Belle affirmation qui révèle, quelle que soit son authenticité, l'idée qu'on se faisait de l'esprit chevaleresque et indique qu'aux yeux des Francs, les Sarrasins en étaient pourvus.

Dans un dernier sursaut d'autorité, le roi lépreux tente de corriger, peu de temps avant sa mort, les douteuses perspectives de sa succession. Le trône revient de droit à sa sœur Sibylle, veuve puis remariée à un être fallot et sans capacité : Guy de Lusignan. Baudouin a cédé un temps aux insistances de sa sœur. Lusignan a été nommé régent. N'hésitant pas à proclamer ce que chacun murmure, le frère ainé de Lusignan affirme : « Si Guy devient roi, il faudra que je sois Dieu. »

Convaincu de son erreur, Baudouin déchoit son beau-frère et rappelle Raymond de Tripoli. Il lui confie le royaume en attendant que le trône revienne au fils que Sibylle a eu d'un premier mariage, et qui n'a que cinq ans.

Acteurs sur tous les champs de bataille où Baudouin se couvre de gloire, les Templiers sont, à la mort du roi, auréolés de son prestige autant que de leur propre bravoure. Désormais, leurs chefs ne se contentent plus d'être cantonnés dans des attributions religieuses et militaires. Le Temple ne sera plus seulement un recours ou une force d'appoint mais associé aux décisions du pouvoir politique. Graduellement les maîtres du Temple ont amené l'Ordre sur le devant de la scène. Ils l'ont sorti de sa réserve, le détournant de sa vocation initiale. Pouvait-il en être autrement compte-tenu de l'enjeu, de la confusion qui empoisonne la cour et, par contrecoup, pourrit la situation des chrétiens en Palestine ?

# Gérard de Ridefort

Arnaud de Torroge, plus convaincant en armure qu'en habit de moine, meurt à Vérone en septembre 1184 alors qu'il se rend en France pour obtenir de l'aide et des renforts dans la lutte contre l'infidèle. Avec Gérard de Ridefort, nommé grand maître un mois plus tard, il n'est pas exagéré de parler de descente aux enfers pour l'ordre du Temple. Les historiens sont unanimes : un aventurier sans capacité militaire ni intégrité personnelle. Prononcer son nom équivaut à souffler la tempête, à sonner l'hallali. « Il est difficile de parler avec modération de Gérard de Ridefort », écrit Marion Melville.

On ne saurait affirmer si, en choisissant leur maître, les Templiers distinguent celui d'entre eux qui correspond à l'idée nouvelle qu'ils se font de leur rôle ou si la désignation de l'homme consacre la victoire d'une faction sur une autre. Que voilà un étonnant personnage ! Tout à la fois complexe et taillé d'une pièce, sur lequel il est difficile de se faire une opinion tranchée.

A quoi doit-on attribuer son irrépressible besoin de « foncer dans le tas » avec seulement cent cinquante soldats, quand surgissent des milliers de mamelucks ? Au panache du chevalier errant, sorte de beatnik en armure, avide d'idéal et d'épopée ? A une foi totale en Dieu ? Ou à l'irresponsabilité du mercenaire, heureux de s'offrir un baroud d'honneur désespéré ? Pas au calcul, en tout cas, pas plus qu'au goût de la fortune. Alors ?

Ridefort commence sa carrière au service du comte de Tripoli. Il accède à la charge de Maréchal du royaume de Jérusalem. Par les flatteries, il gagne la sympathie du comte dans le but d'obtenir la main d'une veuve fortunée, la dame de Boutron. Mais Tripoli l'évince et le mariage ne se fait pas.

Fou de rage, Ridefort cherche à se venger. Ses espérances politiques brisées, il entre au Temple et gravit un à un les échelons jusqu'à la charge suprême où il se considère enfin comme l'égal de son ancien suzerain.

Pour asseoir sa position, il s'allie aux Lusignan.

# La logique du désastre

Si tant est que les actes, les proclamations, les écrits d'une communauté d'hommes puissent être considérés comme la projection, l'épure de leur éthique, le Temple, exagérément perméable aux pratiques et aux mœurs politiques, est intérieurement égaré.

Le petit Baudouin V meurt un an après Baudoin IV. Ses funérailles sont prétexte à un putsch : profitant de l'absence de Raymond de Tripoli, un petit groupe de comploteurs composé d'Héraclius, le patriarche de Jérusalem, de Renaud de Châtillon et de Gérard de Ridefort, décide de sacrer la reine Sybille.

Afin que nul n'y trouve à redire, ils veulent donner toutes les apparences de la légitimité à leur coup d'état en respectant scrupuleusement la tradition. Le protocole exige que la couronne ancestrale, et elle seule, soit posée sur le front de la reine. A l'heure qu'il est, l'emblème royal est enfermé avec le trésor et accessible au moyen de trois clés manœuvrant trois serrures. Le patriarche possède la première clé, le maître du Temple la seconde, la dernière est détenue par les Hospitaliers. Qui soutiendra, après cela, que les contes pour enfants ne sont que des histoires inventées ?

Qu'à cela ne tienne ; on requiert la complicité du maître de l'Hôpital, Roger des Moulins. Protestation. Le Maître refuse d'obtempérer.

Ridefort menace :

« Donnez-nous cette clé ou c'est l'émeute ! »

Sans mot dire, des Moulins jette la clé et, écœuré, tourne les talons. Sybille reçoit la couronne et sacre roi son mari, Guy de Lusignan. Ridefort exulte, le voici l'intime d'un roi qui lui est redevable de sa charge. Quelle revanche !

Rapidement mis au courant, le comte de Tripoli tente de créer un contre-pouvoir avec la princesse Isabelle, belle-fille du seigneur Balian d'Habelin mais, très vite, les opposants prennent peur et se claquemurent dans leurs châteaux guettant craintivement l'arrivée de la troupe. L'ami plein de droiture de l'ex-roi Baudouin s'abaisse à trahir: Raymond de Tripoli conclut une alliance avec Saladin pour se protéger de ses rivaux, sans se douter qu'il précipite la catastrophe.

Des retournements de situation en chaîne accélèrent la logique du désastre, Lusignan s'avère être un souverain faible mais bonasse, prêt à pardonner à qui le demande. Auprès de lui, ceux qui s'étaient réjouis de son sacre s'allient à ceux qui s'y étaient résignés. Guy de Lusignan devient roi de tous les chrétiens d'Orient par insuffisance. Ne va-t-il pas jusqu'à mandater une mission anachroniquement composée des maîtres du Temple et de l'Hôpital, auxquels se joint Balian d'Habelin soit même, pour renouer avec le comte Raymond? Union de façade que celle de ces trois êtres, trop dissonante pour qu'elle ne soit la cause à un moment ou à un autre d'une explosion, même si les circonstances veulent que l'explosion apparaisse étrangère à leurs personnes.

Les ambassadeurs de la réconciliation sont loin de se douter que leur démarche va concourir à l'effondrement de l'empire chrétien en Terre sainte.

# La nuit de la Fève

La chaleur est supportable, ce matin de la fin avril 1187. Le trio d'émissaires chevauche avec ennui. Une petite escorte de dix chevaliers de l'Hôpital les accompagne, un parfum de paix les rend rêveurs.

« Me voici sur mes terres, dit le seigneur Balian après avoir approché sa monture de celles des deux maîtres. Il me serait agréable d'y passer la journée. Continuez sans moi, et retrouvons-nous cette nuit au château de la Fève qui n'est plus très loin à présent. »

On se sépare. Les uns poursuivent leur route, l'autre rentre chez lui.

A minuit, Balian n'a pas encore rallié le lieu du rendez-vous. Il traverse Sabas, une ville où réside un évêque.

« Demain est le jour de Jacques et Philippe, les saints apôtres, réalise-t-il, je vais réveiller le prêtre pour qu'il dise la messe. » Aussi est-il presque midi, le lendemain, 1$^{er}$ mai, lorsque Balian arrive en vue du château de la Fève.

« Mais demande-t-il, quelles sont ces tentes dressées au pied du rempart ?

— Je reconnais l'emblème, répond l'écuyer, elles appartiennent aux Templiers.

— Des Templiers campent ici ? et pour quelle raison, mon Dieu ? »

Vaguement inquiet, Balian s'approche et découvre un campement déserté.

« Toi, vas voir là-haut, ordonne-t-il à l'écuyer. »

Plus tard, la tête du garçon apparaît dans une embrasure :

« Il n'y a plus âme qui vive dans tout le château, crie-t-il, haletant, après avoir traversé la grande cour, grimpé quatre à quatre les escaliers, parcouru les couloirs, ouvert les portes jusqu'aux derniers étages du donjon. Ce château appartient désormais aux rats et aux fantômes, Seigneur!»

Un bruit de cavalcade, un appel, Balian d'Habelin fait volte-face.

«Au secours, Seigneur, c'est effroyable! Ecoutez-moi, écoutez ce que fût cette nuit horrible!»

Tout ensanglanté, un Templier a surgi. Son récit, entrecoupé de sanglots, est à peu près le suivant:

«Le maître de l'Hôpital et le maître du Temple sont arrivés hier, quelques heures après vous avoir quitté. A la tombée de la nuit, ils furent prévenus que les troupes du sultan Saladin arrivaient au galop pour se venger des attaques qui, malgré la trêve, ont été lancées contre des caravanes musulmanes.

— Mais... le comte de Tripoli...

— Hélas! il a autorisé les Sarrasins à pénétrer sur ses terres à condition qu'ils s'en retirent à la fin de la journée. Aussitôt, le maître du Temple a joint notre Maréchal qui logeait avec les quatre-vingts chevaliers dont je fais partie, à quelques kilomètres d'ici. Nous parvînmes sous ces murs avec nos chevaux ardents et rapides, le plus vite que nous pûmes et dressâmes le camp que vous voyez. À l'aube, chefs, escorte, troupe se portèrent au devant de l'envahisseur pour la plus grande gloire de Dieu. Tous avaient le regard fier et confiant. À Nazareth, quarante chevaliers séculiers se sont ajoutés à nos moines armés, mais lorsque nous découvrîmes l'ennemi, ce n'est pas moins de sept mille mameluks qui se déployèrent dans la vallée. Le grand maître, Gérard de Ridefort, fût d'avis qu'il fallait fondre sur les infidèles. Le maréchal et le maître de l'hôpital essayèrent de l'en dissuader.

«Vous parlez comme un homme qui voudrait fuir, a jeté notre maître en défiant le maréchal. Aimeriez-vous trop cette tête blonde que vous vouliez à tout prix la garder?»

«Je mourrai face à l'ennemi comme un homme de bien, a répondu le maréchal», et plaçant son gant de métal en visière pour ne pas être ébloui et parvenir à regarder le maître droit dans les yeux, il ajouta :

« C'est vous qui tournerez bride comme un traître ! ». A-t-il eu raison d'anticiper ? Trois autres avec moi en ont réchappé. Ridefort est de ceux-là. Je l'ai vu s'en aller en direction de Nazareth ».

Sans perdre une seconde, Balian d'Habelin éperonne son cheval et rejoint le maître du Temple.

« Nous n'avons pas le choix, indique Balian à Ridefort. Gagnons au plus vite le château de Tibériade et quelle qu'ait été sa conduite, persuadons le comte de rameuter ses troupes et de combattre à présent avec nous ». Mais au lieu d'acquiescer, Ridefort, honteux sans doute d'avoir fui, préfère s'esquiver. De son côté, Raymond de Tripoli assiste malgré lui aux réjouissances des musulmans : les têtes tranchées des Templiers sont exhibées sous ses murs, piquées à la pointe des lances ennemies. Réalisant son erreur, Tripoli rentre à Jérusalem et se jette aux pieds du roi.

# Jugement de Dieu

L'ampleur de la défaite, la crainte d'autres revers plus cuisants encore, provoquent l'union de toute la chevalerie chrétienne de Terre sainte. « La plus belle armée » de Dieu se rassemble pour affronter celle du sultan et venger les morts du 1er mai : 30 000 soldats dont 1 200 chevaliers. Seul le patriarche de Jérusalem ne partage pas l'enthousiasme général. Il préfère feindre la maladie et remettre la Sainte croix aux Templiers qui iront la brandir devant l'ennemi.

Hormis cette défection, aucun grand du royaume ne manque à l'appel pour ce jugement de Dieu à l'échelle d'un peuple. Les troupes se retrouvent bientôt sur le lieu de ralliement, la fontaine de Séphorie, en Galilée.

À cet instant, Saladin a déjà agi. Ailleurs. Le sultan n'entend pas se laisser imposer le choix du champ de bataille. Il assiège Tibériade, château du comte Raymond deux fois traître à ses yeux.

« Il faut secourir notre mère » implore Hugues, l'aîné des beaux-fils du comte.

La réponse du beau-père a été scrupuleusement consignée par les chroniqueurs :

« Cette terre est à moi ainsi que ma femme et mes biens. Personne ne perdrait autant que moi si elle est perdue. Et s'ils s'emparent de ma femme, de mes hommes, de mon bien et abattent ma cité, je les reprendrai quand je pourrai et je rebâtirai ma cité quand je pourrai, car j'aime mieux qu'elle soit abattue plutôt que de voir toute la Terre perdue. »

Et il ajoute :

« D'ailleurs, nul mieux que moi ne connait le pays. Il n'existe pas un point d'eau sur la route. Si nous nous aventurons, hommes et chevaux mourront de soif. »

Impatient d'effacer l'image d'un homme qui a tourné bride, Gérard de Ridefort tente de peser sur la décision de Lusignan : « Ne croyez pas ce traître, Sire.

Imaginez la honte et les reproches que vous aurez si vous laissez prendre une cité à six lieues de vous. Et quand bien même nous autres Templiers nous déposséderions de nos manteaux, et de tout ce que notre Ordre possède, cette honte ne serait jamais lavée. »

En pleine nuit, le petit roi donne l'ordre de lever le camp et de prendre la direction de Tibériade.

# Les flammes de la mort

Après une marche épuisante, sous un soleil caniculaire, à travers des paysages calcinés, les chrétiens se hissent péniblement, parmi les pierres qui dévallent sous leurs pas, au sommet de la butte de Hattin où ils se trouvent brusquement encerclés.

Dans la nuit, Saladin « profitant de ce que le vent soufflait... fait mettre le feu aux herbes sèches. La fumée... brûle les yeux, la gorge, affole les montures » écrit John Charpentier ; et de citer le chroniqueur arabe : « Les charges de cavalerie se succédaient au milieu de la poussière, de la fumée et du tourbillon des flèches. Ces chiens tiraient leurs langues desséchées et hurlaient sous les coups. Ils espéraient arriver à l'eau, mais ils avaient devant eux les flammes de la mort. »

Les Templiers qui fermaient la marche se retrouvent aux premières lignes et sont décimés par les traits des arbalètes turques.

Finalement, les rescapés se dégagent à grand peine et rallient les puits. À sec. Au beau milieu de la pagaille, un Templier ensevelit la Vraie croix dans le sable. Le lendemain, ç'en est fini. La plus belle armée de Dieu est vaincue, ses chefs soumis au bon vouloir du sultan. Seul Raymond de Tripoli a réussit à passer les lignes musulmanes avec ses gendres et ses gens. Il y est si bien parvenu que, contrairement aux traditions qui commandent de prendre l'ennemi à revers, il a continué son chemin.

Lorsque Ridefort, Lusignan et Châtillon sont amenés sous la tente de Saladin, ils remarquent le drapeau noir qui flotte en haut du mât et l'inscription qui se déploie sur l'auvant : « Salah-ed-Dyn, le roi des rois, le vainqueur des vainqueurs, est comme les autres hommes, l'esclave de la mort » (10). Les trois hommes ignorent que, dans le secret, le sultan a décidé d'être sélectivement magnanime. Saladin tend une coupe à Lusignan et lui propose de sceller la paix. Le roi commet la maladresse de vouloir associer Renaud à l'offre du sultan. Saladin sort de ses gonds. Il se lance dans un réquisitoire énumérant les forfaits de Châtillon, le pilleur de caravanes. L'accusé devient arrogant, Saladin lui tranche l'épaule d'un coup de cimeterre, tandis que les Sarrasins présents l'achèvent. Ridefort ne bronche pas. Comme Lusignan, il aura la vie sauve. Pourtant Saladin aurait toutes les raisons de ne pas épargner le maître du Temple. Plus tard, le bruit courra que, sur la pression des musulmans, Ridefort a renié sa foi au profit de la religion islamique. Une chose est certaine : après Hattin, il insistera pour que la place forte de Gaza, et avec elle les forteresses voisines, se rendent à Saladin, alors que la résistance bat son plein. Fût-ce là le prix de sa grâce et de sa libération ? Gérard de Ridefort mourra en menant l'assaut pour reconquérir Acre, le 4 octobre 1189.

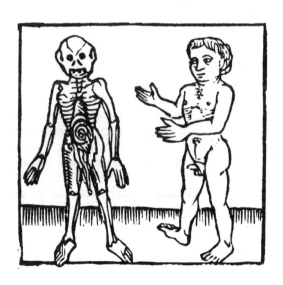

# Décadence et grandeur

La belle magnanimité de Saladin en restera là. Le sultan ordonne que Templiers et Hospitaliers soient suppliciés, écorchés et décapités.

La grandeur chevaleresque des relations entre chrétiens et musulmans se limita à une élite, celle des chefs. Elle ne fût pas non plus de toutes les batailles, ni de tous les instants. Des actes admirables, des élégances ont été rapportés par les chroniqueurs, ils sont comme des apogiatures dans un récit où dominent la sauvagerie et la fureur.

La défaite de Hattin règle le sort du royaume de Jérusalem. L'essentiel des forces armées a péri. Les villes tombent une à une: Tibériade, Acre, Jaffa, Mirabel, Toron, Sarepta, Sidon, Gaza, Ascalon.

Le 20 septembre 1187, Saladin, sûr de lui, assiège Jérusalem. « Les négociations pour une reddition honorable avaient échoué, quand l'un des barons palestiniens, Balian d'Habelin, tint au sultan le langage du désespoir : « Nous égorgerons nos fils et nos filles, nous mettrons le feu à la ville, nous renverserons le Temple et tous ces sanctuaires qui sont aussi vos sanctuaires. » Une transaction intervint, qui, moyennant rançon, permit la libération de plusieurs milliers de personnes. Les musulmans avaient réoccupé Jérusalem. Le chroniqueur Ibn ab-Athîr raconte une des scènes les plus dramatiques : la croix que les croisés avaient élevée au-dessus de la « mosquée d'Omar », fut abattue devant l'armée de Saladin et aussi devant la population franque. Quand la croix tomba, toute l'assistance poussa un grand cri. Les musulmans criaient : Allah est grand ! Les Francs exhalaient leur douleur. Ce fut une telle clameur que la terre en fut comme ébranlée. Saladin procéda immédiatement aux réfections nécessaires. Dans la Qoubbet es-Sakhra, il fit revêtir de mosaïques les murs extérieurs, refaire l'ornementation intérieure en stuc incrusté et apposer une inscription au-dessus de la galerie. A el-Aqsâ\*, il fit de même appliquer de magnifiques mosaïques et installa la chaire en bois sculpté (minbar), exécutée vingt ans plus tôt à Alep... » (11).

Le désastre d'Hattin dessille les yeux, des aux Templiers, réveille leur conscience. Vautré dans les turpitudes de la politique, l'Ordre s'est écarté de sa vocation. Le maître, obsédé d'ambitions guerrières, a sacrifié le sentiment religieux. Jusqu'où s'est insinuée cette vision superficielle du monde, pernicieuse pour une confrérie monastique ? Cette perversion a-t-elle été seulement un luxe que certains dignitaires ont cru pouvoir s'accorder ou la morale de l'Ordre tout entier a-t-elle été altérée ?

On peut imaginer le sentiment de culpabilité du Temple à travers ce qu'il tente de redresser et avec quelle vigueur !

La manière dont il se ressaisit indique d'une part qu'il sait tirer la leçon de l'échec, tout en faisant d'autre part la démonstration de la force spirituelle qui subsiste en lui.

Un ordre du Temple « nouvelle manière », nostalgique et positif au rappel de sa grandeur passée, apte à reprendre sa place au service de la chrétienté, à l'écart de la corruption, renait de la défaite d'Hattin.

---

\* La mosquée devenue le *Templum Domini* des Templiers (voir la partie III).

# Richard Cœur de Lion

La nouvelle du désastre s'est répandue comme une trainée de poudre de chaque côté de la Méditerranée. S'ils pouvaient lire l'avenir, les occidentaux sauraient qu'après la journée fatale du 4 juillet 1187, ils ont encore devant eux un siècle de présence chrétienne en Orient. Cela changerait-il pour autant les décisions futures ? Sûrement non. Renforts, croisades, appels au dogmatisme, vont faire en sorte de galvaniser les soldats de la Terre sainte, de leur insuffler l'enthousiasme des premières conquêtes.

Le grêle territoire où les chrétiens sont cantonnés ressemble à une longue plage, ponctuée de quelques forteresses encore vaillantes mais acculées à la mer et n'ayant pour autre horizon qu'une immensité désertique contrôlée par les Sarrasins.

Curieusement, cette situation précaire décuple l'ardeur des chevaliers. Le désir de ne pas « crever comme ça », dans la médiocrité, l'oubli et le renoncement, incite la résistance, avec l'aide concrète du roi de France et du roi d'Angleterre, à passer à l'offensive.

Gérard de Ridefort disparu, le Temple désavoue implicitement le commandement de son ancien maître en modifiant des points importants de la Règle : le chapitre général pourra intervenir si le maître manque à la tâche que l'Ordre lui a confiée ou se comporte indignement.

Robert de Sablé succède à Ridefort. C'est au poète, à l'ami de Richard d'Angleterre, le roi au Cœur de Lion, que les Templiers font appel. Mais c'est surtout à un chevalier étranger à toutes les embrouilles du prédécesseur, à l'écart des luttes de clan vers lequel l'Ordre se tourne : Robert de Sablé est choisi parmi les Templiers de la péninsule ibérique. Usant de diplomatie, le nouveau maître réussit à atténuer le désaccord qui oppose Philippe Auguste au souverain anglais et à unir les deux monarques dans l'entreprise qui va être menée en Orient.

Richard Cœur de Lion arrive en Terre sainte avec la volonté de desserrer l'étreinte de Saladin, de contraindre le sultan à reculer pour que s'élargisse la bande de sable où sont confinés les chrétiens.

Sous la conduite de Richard, croisés et Templiers réintègrent un instant quelques unes de leurs anciennes places fortes. Ascalon d'abord, dont ils escaladent les murs en ruine pour s'y réinstaller; Darum ensuite.

Le roi d'Angleterre pose alors la question essentielle: « Faut-il marcher sur Jérusalem ? » La réponse est non, l'armée chrétienne manque d'hommes. Une trêve est conclue avec le sultan : contre le libre accès aux Lieux saints, les forteresses seront rasées.

C'est sur ce demi-succès que le roi d'Angleterre, appelé par des difficultés intérieures à son royaume, quitte la Terre sainte accompagné de chevaliers du Temple, lui-même déguisé en Templier. Cette même année 1193, Saladin et Robert de Sablé s'éteignent. Le chapitre désigne Gilbert Erail pour confirmer le redressement de l'Ordre et profiter du flottement que l'on devine dans les armées islamiques depuis la mort du sultan.

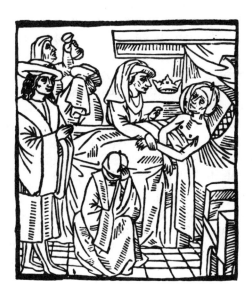

# Innocent et Honorius

Saint-Jean d'Acre fait désormais office de capitale pour les chrétiens d'Orient. La stratégie des camps adverses ressemble alors à une partie d'échec où chacun contrecarre la progression de l'autre. Pour occuper la route entre Acre et Césarée, les musulmans érigent une forteresse au sommet du mont Thabor. Le Temple réplique par la construction du Château-Pélerin, dont le nom reflète les bonnes volontés qui contribuèrent à son édification. En Europe, les autorités religieuses se sont alarmées de voir se réduire ce royaume d'Outre-mer que des miliers de chrétiens ont eu tant de mal à acquérir. Entre 1199 et 1229, deux papes, Innocent III et Honorius III, déploient successivement une énergie considérable à accroître l'influence occidentale en Terre sainte.

Innocent III trépigne de voir les Templiers transiger avec les Sarrasins et conclure des trêves à répétition. Il ordonne que la dynamique de la Guerre sainte fasse naître de nouvelles croisades. La paix, même tracée en pointillés, engendre le relachement des mœurs. Pas de répit, on ne pactise pas avec l'ennemi!

Honorius renchérit sur les critiques et les exortations d'Innocent III. Il songe à une gigantesque expédition qui délivrerait la Ville sainte et conquerrait l'Egypte.

Dès lors, Damiette, poste avancé et point de départ vers de lointaines équipées, devient l'objectif à atteindre.

Honorius entend contrôler les opérations; c'est pourquoi il cajole les ordres religieux et militaires: Teutoniques, Hospitaliers et Templiers. Le 5 novembre 1219, Damiette est assiégée et reprise.

Bien qu'une épidémie de peste ravage bientôt le camp des vainqueurs et emporte le maître du Temple, l'écho de la chute de Damiette retentit douloureusement chez les musulmans qui avaient eu tendance à se croire invulnérables et voués à une ascension continuelle. Le sultan Kâmil préfère pactiser. Il offre la Palestine à condition que les chrétiens ne touchent pas à l'Egypte. La conquête de Damiette ne suffit pas à expliquer une telle largesse. En réalité, l'Islam est pris entre deux feux. Un autre danger, imprécis mais imminant, le menace. Un chef de guerre appelé « Prêtre Jean » aurait fanatisé un peuple et l'entrainerait à l'assaut du monde. Ces soldats à qui rien ne résiste prennent bientôt un nom, les Mongols, et leur chef un visage, celui de Gengis-Khan. Les chrétiens, inquiets eux aussi, se tournent avec insistance vers l'Europe pour que les rêves des papes prennent corps.

# Frederic II

Pour le malheur de la chrétienté, l'Occident va « déléguer » l'empereur Frédéric II d'Allemagne.

Après huit années d'attente et d'attermoiements, la croisade de Frédéric vogue vers la Palestine, mais en cours de route, après seulement trois jours de traversée, l'empereur rebrousse chemin. Raison de santé. Le nouveau pape, Grégoire IX lassé par la conduite hésitante de l'empereur, irrité par les accords qu'il a passé avec le sultan Al-Kâmil, l'excommunie. Comme ses prédécesseurs, Grégoire ne veut ni trêve ni répit pour les infidèles.

Frédéric parvient enfin en Terre sainte au printemps de 1228, à Chypre, où il débarque avec 40 hommes. Aussitôt il s'appuie sur l'ordre qu'il connait le mieux. Les chevaliers Teutoniques l'aident sans réserve lorsque, le 18 mars 1229, après une série de compromis passés avec les musulmans, l'empereur s'empare de la couronne et sur les marches du Saint Sépulcre se sacre roi de Jérusalem.

Les Templiers s'indignent : un excommunié s'est approprié le royaume. Alors qu'il s'y était engagé, il a en outre négligé de réédifier les fortifications de la Ville sainte. Exaspérées, les autorités ecclésiastiques de Terre sainte frappent la ville d'interdit et confirment l'excommunication de Frédéric. Fort des accords qu'il a passé avec les musulmans, l'empereur agresse ses accusateurs. Il assiège Château-Pélerin et attaque le château des Templiers à Acre. Devant tant d'ignominie, le peuple se révolte. Pour Frédéric la situation devient vite intenable et, penaud, il rembarque prestement non sans lâcher le coup de pied de l'âne : il offre au sultan plusieurs des catapultes que l'on destinait à la défense de Saint-Jean d'Acre. On verra plus tard comment les Sarrasins s'en serviront contre la ville qu'elles devaient protéger.

L'incursion de Frédéric II en Orient, le désordre créé par sa « croisade » a semé la discorde entre les ordres militaires. A présent, le Temple est à couteaux tirés avec l'Hôpital et les Teutons qui vont jusqu'à faire alliance contre lui, chacun cherchant appui auprès de l'une ou l'autre fraction du monde musulman. Les Templiers se rapprochent de Damas, les Hospitaliers du Caire. Les bénéficiaires de ces croisements anachroniques seront les hordes de Turcs, mameluks et Karisméniens, qui saccageront les Lieux saints en 1244, tuant le maître du Temple, et anéantiront purement et simplement l'armée franque de Palestine. Il ne restera de cette ravageuse digression que vingt-six chevaliers du Temple sur trois cent quarante huit; le maître de l'Hôpital sera fait prisonnier, celui des Teutoniques prendra la fuite. Quant à Frédéric II, il ne lâche pas prise. Sa vengeance lui importe plus que le sort de la Palestine. Il entreprend de discréditer les Templiers à travers toute l'Europe.

« Frédéric II est à l'origine des soupçons qui pesèrent sur le Temple: il accusa les chevaliers d'intelligence avec l'ennemi, de fêter les émissaires du sultan de Damas, d'assister à la célébration des rites islamiques à l'intérieur de la maison du Temple d'Acre. Tout cela fut repris, d'ailleurs, au procès » (12).

Malgré tout, une nouvelle croisade, inspirée par Saint Louis, s'apprête à partir dans l'esprit de rigueur et d'intransigeance des expéditions prêchées par Urbain II. Elle franchira la mer, remontera le Nil et, après de nombreuses batailles où s'illustrera le Temple, Louis IX tombera malade et sera fait prisonnier. Il en coûtera Damiette et une importante rançon pour la libération du roi qui décrétera de première urgence la consolidation des défenses des villes côtières, dont Saint-Jean d'Acre.

# Baroud d'honneur à Saint-Jean d'Acre

Des pèlerins, italiens pour la plupart, accostent en 1291 à Saint-Jean d'Acre, fermement décidés à « casser du musulman ». A peine débarqués, ils exterminent une file de paysans se rendant au marché, parmi lesquels des Syriens chrétiens qui portaient la barbe, signe distinctif des infidèles.

Le sultan el Esseraf prend prétexte de l'agression et assiège la ville, non sans avoir prévenu le nouveau maître du Temple, Guillaume de Beaujeu, qui jouissait auprès de lui d'un prestige particulier : « Le Soudan des Soudans, le roi des rois, le seigneur des seigneurs, Melec el Esseraf, écrit le sultan à Guillaume ; le puissant, le redouté, le chasteour de rebelles, le chasseur des Francs et des Tartares et des Arméniens, l'arracheur des châteaux aux mains des mécréants... A vous le Maître, noble maître du Temple, le véritable et sage, salut et notre bonne volonté. Parce que vous avez été homme véritable, nous vous mandons lettres de notre volonté, et nous vous faisons assavoir que nous venons en vos parties pour amender les torts faits, pour quoi nous ne voulons pas que la communauté d'Acre nous mande lettre ni présents, car nous ne les recevrons point ». (13).

Après avoir reçu la lettre comminatoire et apparemment chevaleresque du sultan, la population de Saint-Jean d'Acre voit parader sous ses murs, le 5 avril 1291, soixante mille cavaliers cimeterre au clair, suivis d'autant de fantassins roulant devant eux de gigantesques catapultes.

Derrière les murailles, une quantité négligeable de défenseurs : treize mille soldats à pieds et tout juste sept cents à cheval pour protéger trente mille habitants. Après une semaine durant laquelle rien ne bouge, les Turcs donnent l'assaut. Profitant du clair de lune, les Templiers, après avoir rameuté trois cents cavaliers, effectuent une sortie côté mer pour aller surprendre les lignes ennemies. Ils échouent une pre-

mière fois, font une nouvelle tentative par nuit noire, échouent encore.

L'adversaire réagit : les tours de défense s'écroulent l'une après l'autre.

Le 18 mai, le sultan décide de jeter toutes ses forces dans une offensive qu'il veut décisive.

« A la pique du jour, les cymbales retentirent, et l'armée musulmane s'avança, si compacte qu'elle formait une mer humaine devant qui tout devait céder » (14).

Les grands maîtres du Temple et de l'Hôpital ne se laissent pas intimider et luttent pied à pied, solidairement. Des brèches s'ouvrent de tous côtés dans le rempart; les chrétiens parviennent miraculeusement à contenir les envahisseurs qui perdent un moment du terrain.

Mais les mameluks refoulés reviennent en nombre et, quelqu'acte d'héroïsme, quelqu'exploit qu'accomplisse l'un ou l'autre des deux ordres, l'ennemi, en définitive, reprend l'avantage.

Bientôt les Francs capitulent; Templiers et Hospitaliers continuent la bataille, coûte que coûte. La mort du grand maître, Guillaume de Beaujeu, a été admirablement rapportée. À trois heures, un trait lui perce la poitrine. Se sentant gravement touché, le maître du Temple rompt le combat. On croit qu'il se sauve, un croisé l'arrête :

« Pour Dieu, Seigneur, ne nous abandonnez pas ou la ville est perdue ! »

Sans une grimace, sans un râle, Guillaume s'exclame :

« Je ne m'enfuis pas. Voyez le coup, en vérité je suis mort. »

Dans la cité, c'est partout l'horreur d'un combat sans merci. Les mameluks ne font pas de quartier. Exaltés par l'odeur d'un triomphe inexorable, ils sabrent tout ce qui bouge, s'adjugent les femmes, massacrant celles qui ne leur conviennent pas ou sont objet de litige.

Malgré la fureur de l'attaque, un bastion reste debout, ultime espace de repli : la tour servant de couvent fortifié aux Templiers. Le maréchal du Temple réussit même à favoriser la fuite d'un groupe d'habitants sur de petites embarcations. Les encourageant de leurs cris, les derniers combattants les verront voguer vers l'île de Chypre que Richard Cœur de Lion avait conquise et offerte aux Templiers.

Les rescapés de la citadelle parviennent à se cramponner plusieurs jours à leur refuge. Lassé, le sultan propose une reddition en leur faveur : qu'ils ouvrent la porte et ils pourront rejoindre les civils à Chypre. Mais, à peine entrés, les mameluks se disputent les femmes ; les chevaliers se rebellent et abattent les musulmans avant de s'enfermer dans la tour. Pour l'honneur : enième poche de résistance !

Le sultan ruse. Il demande au maréchal du Temple de se rendre auprès de lui avec ses chevaliers pour régler les conditions d'une nouvelle capitulation. El Esseraf accueille les émissaires en leur faisant trancher la tête. Les Templiers tiennent bon jusqu'au 28 mai malgré une brèche qui affaiblit encore leur défense.

Le sultan ordonne d'ébranler la tour en attaquant, pierre après pierre, ses fondements. A l'instant où l'assaut est donné, l'édifice s'effondre sur les Templiers et deux mille soldats musulmans.

A l'annonce de la chute de Saint-Jean d'Acre, les autres places fortes se rendent, évitant une inutile tuerie. Les Templiers se maintiennent quelques temps sur l'île de Rouad. Les uns finiront décapités, les autres seront faits prisonniers. Ils auront accompli leur mission militaire en Terre sainte jusqu'au bout.

Lorsque le rideau retombe sur l'épopée du Moyen-Orient, l'ordre du Temple, loin d'avoir succombé à l'enlisement, se porte bien en Europe où il va continuer à s'épanouir grâce aux richesses qu'il a rapportées.

L'aventure orientale continuera de luire au fond de lui comme une lumière eucharistique. L'Ordre a un passé. Une auréole. Mais la chrétienté va se trouver coupée en deux, par une marque invisible et ténue séparant ceux qui ont connu la croisade de ceux qui ne l'ont pas connu.

Pour le Temple, pas de doute, son aura lui vient de sa participation glorieuse à la lutte contre l'infidèle. Pour Philippe le Bel, couronné en 1285, c'est le contraire. Sacré roi après les dernières croisades, partisan d'un Etat absolutiste, il veut en finir avec la féodalité et régler leur compte à ceux qui en ont tiré avantage.

# V
# La conscience mystique

*Ne perds de vue le monde. Tu fuis l'éclair du temps,*
*Comment verrais-tu celui de l'éternité ?*

Angelus Silésius (cité par Guy Benoit dans *Mai hors-saison.*)

# L'archange du bien

Inspiratrice des ordres militaires, la chevalerie vise à la contemplation divine à travers la violence caractéristique de l'époque que l'art de la guerre et du combat tente de dompter, de réglementer, d'anoblir.

Le système féodal légitime une organisation économique et sociale basée sur la hiérarchie par la naissance, et sur la filiation par le sang et le patrimoine. Il en va autrement de la chevalerie, dans ses aspirations tout au moins, qui brigue de se dégager du système politique par l'élévation spirituelle.

C'est ainsi qu'il faut se garder de considérer les rites et les structures de la chevalerie comme une esthétique pure. Leur abondance vise à défendre, à promouvoir, à perpétuer une éthique et c'est pourquoi la cérémonie de la consécration du chevalier, rite profane à l'origine, va devenir une institution religieuse.

La chevalerie ne renie pas ses origines militaires : elle grandit le soldat, l'initie aux préoccupations spirituelles.

L'âme qui gît sous l'armure et anime l'épée est engagée dans une quête métaphysique que les innombrables récits de chevalerie, s'appuyant sans doute sur d'authentiques faits d'armes, retraduisent dans un langage onirique et codé, hautement symbolique.

Selon les conceptions médiévales le chevalier se situe à la jonction, au point d'équilibre et de rencontre entre le monde matériel et le monde spirituel. Entre l'État et la religion. Aux yeux de tous, et dans l'imaginaire de chacun, le chevalier est un justicier pétri d'idéal et qu'un état d'esprit, identique à tous les chevaliers, introduit dans une communauté d'armes. Une signification morale, assortie d'une aura intemporelle, lui sont attribuées. Il est l'archange des évangiles, le combattant du Bien.

Pratiquement cela vaut au chevalier d'entretenir des relations étroites avec des autorités éparses :

royale, papale et divine. Bien entendu, l'autorité divine, dont le chevalier se fait sa propre idée, s'exprime avant tout par la bouche du pape. L'Église, puissance temporelle considérable, influe en permanence sur les institutions féodales.

Les Templiers, à la différence de la chevalerie classique, œuvrent à se libérer de toute autorité temporelle extérieure au profit de leur hiérarchie propre, de leur éthique et de leur Règle.

# Le chevalier engagé

La chrétienté vit l'épée à la main, sur un pied de guerre permanent. C'est la loi de l'époque. Les résidus d'une anarchie sociale endémique engendrent la peur, la famine, le recours à Dieu par conséquent. Le château-fort, permanence du paysage médiéval, constitue le refuge autour duquel toute activité productive s'établit. Pour exorciser ces peurs, ces terreurs parfois, les mœurs s'affinent et l'élite chevaleresque encadre ce changement, se fait le champion d'un idéal surnaturel.

Ainsi, la croyance en une harmonie supérieure de l'univers est susceptible de lier ceux qui, par choix ou par obligation, manient les armes. La promesse d'éternité embellit soudain le masque grimaçant du guerrier.

Pourtant, il faut se garder de faire un portrait trop enluminé du chevalier du XIIe siècle. La vénération, le respect du sacré ne guide pas toujours ses actes, ne tempère pas systématiquement ses ardeurs destructrices. Il y a de la rudesse, de la brutalité, dans sa relation à Dieu, ce suzerain dont il est le vassal.

Comment échapper, ne pas revenir encore et toujours, aux structures sociales? En revanche, un principe est ouvertement proclamé: aucune ségrégation ne doit handicaper un aspirant chevalier. Seul compte le mérite. L'absence de fief ou de fortune ne saurait nuire.

Bien qu'il s'agisse d'exceptions, on peut voir des bûcherons, des jongleurs et des marchands devenir chevaliers. Théoriquement, la valeur crée l'élite; en réalité la noblesse des origines demeure le critère essentiel.

Par degré, la *consécration* du chevalier évolue vers une cérémonie spirituelle où les rites sacrés se multiplient.

Par *l'adoubement,* intronisation d'abord exclusivement profane, le jeune chevalier reçoit l'équipement indispensable à sa fonction, les éléments protecteurs (haubert, heaume, écu) et offensifs (lance, épée). Il enfourche sa monture et il est chevalier. Plus tard intervient la *colée,* pression donnée sur l'épaule avec le plat de l'épée, qui marque la possession, inspirée des gestes et empreintes effectués sur la peau et indiquant l'appartenance ou la soumission : tatouage, marque au fer rouge.

Mais de ce rituel profane émane déjà un parfum religieux. On pense au baptême par l'imposition des mains. En même temps qu'une idée d'appartenance, ce geste transmet, scelle, unit. Un esprit supérieur est comme injecté dans le corps de celui qui est touché. « Le symbole de la colée (est) une intronisation de missionnaire ; par l'inspiration et l'initiation mystique qu'elle ajoute à sa forme, elle transforme aussi dans le fond un acte qui jusqu'alors avait été seulement une émancipation sociale et l'accession au rang des guerriers. » (15)

# Le domaine des hypothèses

Nourris de pratiques rituelles, chevaleresques et religieuses, il est probable que les Templiers en aient créées d'inhérentes à leur Ordre qui confortaient leur identité, leur hiérarchie et favorisaient leur vision du monde.

Comment le refus des tutelles pourrait-il s'être limité aux institutions ? Sans doute, dans le secret de leurs méditations, les Templiers se sont-ils peu à peu défiés de la mythologie chrétienne, de ses mystères et de ses figures. Ils ont pu écarter les naïvetés, renié ce qui ternissait ou contredisait les illuminations dont ils étaient saisis.

C'est que, paradoxalement, religion et spiritualité ne font pas toujours bon ménage. L'une est assujettie au temporel, régentée par ses prêtres et surtout associée à l'Histoire. L'autre échappe aux événements et aux circonstances, elle se développe dans l'intimité de la libre conscience. La religion chrétienne livre un dieu fignolé, prédigéré et partisan ; la voie spirituelle explore, découvre le divin.

Pour les Templiers, l'aspiration mystique passe par la religion. De ce fait leur quête spirituelle s'altère en s'inscrivant dans l'Histoire. Ce n'est pas que la spiritualité pure soit absente de la religion chrétienne, mais elle est courcirt-cuitée. Monarques ou pontifes, meneurs d'hommes ou directeurs de conscience l'interceptent et l'utilisent dans des visées, des perspectives exclusivement matérielles.

C'est une caractéristique médiévale que de concevoir la vie spirituelle comme une composante de la vie publique. Du coup, la spiritualité entre dans des formes ayant des fonctions moralisante, dominatrice ou anecdotique, utiles à la vie sociale.

A peine dégagée de la réalité apparente, l'envolée spirituelle se transforme en oiseau de granit. Ceci produit un double effet : l'essor de la conscience est stoppé mais devient perceptible. Une fresque, une liturgie, une statue, un chant peuvent recéler et divulguer un sublime fragment de l'invisible, même s'ils sont mis au service d'un dogmatisme religieux.

Le choix de ses formes dépeint une religion tout entière et façonne les mentalités de ceux qui l'adoptent ou vivent dans sa trace culturelle. A l'époque des Templiers, la religion chrétienne s'est coulée, pour le plus grand nombre, dans un véritable roman humain dont la figure centrale, le héros principal, s'avère ne plus être Dieu, mais Dieu fait homme.

Cette option a eu un retentissement considérable sur notre civilisation, et particulièrement sur ce Moyen Âge, hautement chrétien. Elle a été déterminante dans l'approche spirituelle des occidentaux, non pas tant dans le fait de représenter Dieu sous des traits humains — propre à de nombreuses religions — mais dans la volonté affirmée *d'incarner Dieu dans un homme réel, de le faire entrer coûte que coûte dans la peau d'un personnage historique.*

Jésus, fils de Dieu et Dieu à part entière, descend sur terre pour y mourir. Condamné par les hommes, il est exécuté. Ainsi, la principale religion de l'occident propose la chute de Dieu pour modèle.

Au lieu d'accueillir le divin, elle le contraint et le brise. En mutilant Dieu, en anéantissant sur la croix sa représentation physique, ce sont les possibilités infinies de connaissance du monde par les sens, antennes du corps, auxquelles il est porté atteinte.

Par ailleurs, l'acharnement mis à tenter de prouver la réalité historique du Christ prive un peu plus le mythe de sa dynamique spirituelle.

# À la rencontre de l'Islam

Haine et fascination de l'Islam. Les Templiers sont déchirés. Partis combattre une religion, ils côtoient une civilisation qui, par bien des côtés, les intrigue et les séduit. Le diable est beau et puissant, souvent il sort vainqueur de la bataille et il faut composer et traiter avec lui.

Les Templiers pouvaient-ils concevoir qu'embarquer pour l'Orient c'était courir le risque d'aller à la rencontre d'un continent et de s'ouvrir à lui? Le besoin de découverte est dissimulé par le besoin de conquête, de s'emparer des terres et des hommes, de dominer et d'avoir. Mais ce jeu superficiel peut aussi engendrer des révélations inattendues.

Face à l'invasion, l'Islam a résisté et ceux qui se sont attaqués à lui, le craignent désormais et l'admirent parfois. Agressifs, belliqueux, croisés et Templiers n'en côtoient pas moins la philosophie de l'Islam et confrontent leur Dieu au sien, dans une alternance de batailles et de trêves. Lors de tractations, d'échanges de toutes sortes, d'accords marchands ou militaires ils évoquent les questions religieuses et, parmi le faisceau des divergences, surprennent d'édifiantes analogies entre le Coran et la Bible. Et, quel déclic peut provoquer la simple expression d'un point de vue opposé quand celui-ci télescope le doute, l'interrogation qui préexistaient? Dans le Coran, Jésus (Issa) annonce la venue du prophète Mahomet. Outre cette différence importante entre les religions chrétienne et musulmane, la définition du Messie est fondamentalement autre: pour les chrétiens Jésus est *engendré,* pour les musulmans il est *créé.* Dans l'Islam la nature humaine et la nature divine ne peuvent être confondues. L'homme et le dieu ne sont pas consubstanciels. « Allah le seul, indique le Coran, n'a pas engendré et n'a pas été engendré. »

Chez les musulmans Jésus est le Verbe de Dieu; le pouvoir divin n'est pas le sien, il lui est prêté. Ainsi le Verbe de Dieu ne peut être anéanti sur la croix par les hommes, il ne peut rentrer dans leurs tractations, leurs pièges et leur traîtrise. « Ils ne l'ont ni tués ni crucifiés, dit le Coran, mais il leur a semblé ainsi. » Dieu utilise un subterfuge. Simon le Cyrénéen, véritable sosie de Jésus est crucifié à sa place. Selon les textes sacrés le Messie ne meurt pas, il s'élève et demeure parmi les anges. Pour l'Islam, Dieu est un absolu inséparable. Ce serait lui faire injure que de Le mêler à l'histoire des hommes.

« Si pour les chrétiens, la vérité c'est que le Christ s'est laissé crucifier, pour les musulmans — pour qui la vérité c'est qu'il n'y a qu'un seul Dieu — la crucifixion du Christ ne peut, par sa nature même, être « La Vérité » ; le rejet musulman de la croix est une manière de l'exprimer. » (16)

Le choc entre musulmans et chrétiens est amplifié par les incompatibilités religieuses : les chrétiens ne peuvent composer avec la reconnaissance de la divinité du Christ et le caractère sacré de l'Eglise ; les musulmans ne peuvent admettre que l'on discute l'unité suprême d'Allah et de l'Islam ; la Loi est la volonté de Dieu.

L'occident religieux est ancré dans une morale du malheur, dans la glorification de la peine et de la souffrance, légitimes et méritées : pour le chrétien, l'être humain porte le poids du châtiment divin.

L'Islam tend vers la contemplation, la chrétienté vers la soumission. A leur arrivée en Orient, les Templiers ont en tête leurs idées arrêtées de chrétiens condamnés à aimer Dieu, à adorer son supplice. Quelle influence a eu sur leur conscience les révélations de l'Islam ?

# Les Templiers de la Montagne

Filiation secrète ? Rivalité ? Fraternité conflictuelle ? Comment définir les relations ambiguës, les similitudes et les oppositions, qui ont rapproché le Temple et les « Assassins » ?

D'un point de vue strictement historique, on sait que des tractations ont lieu en 1172 entre Amaury, le père de Baudouin IV, et les envoyés du Vieux-de-la-Montagne, chef de la secte des Assassins. Un accord est en passe d'être conclu contre les Sarrasins. Après qu'une première rencontre se soit déroulée, les émissaires de la secte, chargés de lettres et de cadeaux destinés à leur chef, se heurtent à une troupe de Templiers qui les égorgent. Amaury aura beau se démener, l'action meutrière du Temple aura définitivement fait échouer le projet d'alliance.

Quels motifs conduisirent l'Ordre à contrecarrer le programme du roi de Jérusalem ? Les Assassins avaient-ils exigé qu'Amaury réduise certains privilèges des Templiers ? L'Ordre estimait-il qu'il ne saurait y avoir place en Orient pour deux confréries qu'une organisation élaborée et hiérarchisée, une indifférence à la mort terrestre, une foi indéfectible, une conception initiatique de l'approche spirituelle rapprochaient mais qui se situaient dans des courants culturels et religieux opposés ?

Les Assassins tirent leur nom d'une déformation du mot haschich. Le haschich distribué par le maître amplifie la méditation des disciples, décuple leurs visions. Hassan-Sabbah, premier chef et fondateur de la secte, est un Ismaélien fatimide. Il a entraîné ses fidèles dans la montagne et les a installés dans le chateau isolé d'Alamout (*Alah* signifiant aigle et *Amou* nid). De cette forteresse, transformée en sanctuaire pour les disciples d'Hassan, les Assassins convertissent les populations des villages et des châteaux environnants. La légende brouille la réalité. Les récits concernant le Seigneur ou Vieux-de-la-Montagne circulent à travers l'Asie mineure et l'Égypte, gagnant l'Occident par la voix des croisés et des chevaliers. Le château d'Alamout est décrit comme un véritable paradis terrestre identique au traditionnel paradis islamique des musulmans. Pour les chrétiens, c'est un lieu de crimes abominables et de débauche dont le maître sanguinaire inspire la terreur.

Ceux que le Vieux-de-la-Montagne fascine ne voient en lui qu'un penseur, un guide spirituel vivant dans une pièce minuscule — on raconte qu'il s'y enferma trente ans — qu'il ne quitte que pour fréquenter sa bibliothèque. « Retranchés du monde, face à un paysage lunaire, les habitants se sentaient devenir des êtres exceptionnels. La piété, l'étude des langues, le maniement des armes et les exercices du corps prenaient la plus grande partie de leur temps. Ce qui en restait était employé (...) à les faire douter du monde extérieur. Ainsi devait se forger une armée d'élite savamment dressée pour suppléer au nombre par la force de la loi et de l'obéissance. » (17)

La secte devient une confrérie dont les sept degrés d'initiation permettent l'acquisition progressive de la Vérité universelle. Conquérant citadelle après citadelle, les disciples d'Hassan préfèrent recourir au meurtre plutôt qu'à la guerre. Leur tactique consiste à priver l'ennemi de celui qui le mène et le commande. Sultan et chef de troupe sont habilement exécutés par les Dévoués-Tueurs, véritables commandos-suicide.

Sous l'emprise de la peur, chacun cherche à s'allier à cette secte mystérieuse qui proclame partout que l'homme s'affranchit des liens terrestres par la conquête. Lorsque, très âgé, Hassan meurt, il assure à son successeur : « Souviens-toi, rien n'est vrai, tout est permis. »

D'autres Vieux-de-la-Montagne perpétueront la secte des Assassins et sa légende au point que les croisés confondront Hassan et ses héritiers spirituels, croyant avoir affaire à un seul et même personnage d'une extraordinaire longévité. Le Vieux-de-la-Montagne aurait-il pû à la fois prêter des Assassins à

Richard Cœur de Lion, tenter de tuer Saint Louis, l'empereur Barberousse et Philippe Auguste?

Les ressemblances entre l'Ordre et la secte, note Betty Bouthoul, furent surtout frappantes pour les Templiers eux-mêmes: « Lorsque leur Ordre fut fondé en 1106, Alamout régnait sur la Perse depuis plus de dix ans. Le Temple devint très vite un ordre militaire jaloux, avide et secret. On l'accusait de marcher sur les traces des Ismaéliens; leur costume lui-même en est un rappel: les Isméaliens portaient un habit blanc et des bandelettes rouges, les Templiers un manteau blanc et une croix rouge. On sut bientôt qu'ils étaient organisés en degrés, avec des rites initiatiques, qu'ils avaient des statuts occultes dont les fins étaient, dit-on, très voisines de celles des Ismaéliens, c'est-à-dire visaient à amener les maîtres initiés au mépris de la religion et à une sorte de philosophie où Platon, Pythagore et les Alexandrins avaient probablement la plus grande part. Ils s'appliquaient aussi à conquérir des châteaux et des citadelles. Ils montraient un égal mépris de la vie humaine et un mépris beaucoup plus grand de la parole donnée. » (18)

# Le moine soldat

La doctrine du moine-soldat correspond à une démarche initiatique. Mystique et initiation sont deux aspects d'une même philosophie qui ne doivent être ni confondus ni opposés. Ils décrivent deux comportements dont le dessein est d'unir l'être au divin.

L'homme mystique est en bas et appelle de ses prières la divinité qui est en haut. Celle-ci descend et élève sa conscience. C'est l'illumination. Après cet état de grâce, le mystique redevient identique à lui-même, sa conscience lui est restituée intacte, semblable à ce qu'elle était avant la prière.

L'initié considère que la parcelle divine contenue en lui peut-être cultivée, agrandie. Marche après marche, il se hisse vers le divin. Sa conscience est enrichie par les épreuves de la vie, tandis qu'il s'attèle à résoudre les deux énigmes de l'être : se connaître lui-même, faire prospérer ses richesses. « Suivant les traditions les degrés ascensionnels portent des noms divers. Le sommet est unique et chacun reçoit et vit l'enseignement de la sagesse suivant sa capacité ». (19)

Par définition, l'acquis initiatique est irréversible, alors que l'expérience mystique est une succession d'apogées. Pour les Templiers, l'illumination ponctuelle, répétée ne suffit pas car elle est inutilisable.

La démarche initiatique serait vaine si le mysticisme en était absent : gravir, s'élever mais vers quoi ? Aussi l'ordre du Temple conjugue-t-il mysticisme et initation pour atteindre au savoir, à la Vérité universelle.

# La geste pour guide

La geste du Graal*, véritable bréviaire du chevalier médiéval, met en lumière les articulations, le fonctionnement et la symbolique du cheminement initiatique. Lancé à la recherche de l'objet sacré, le chevalier espère l'obtenir par la force et la vertu. Des épreuves entravent sa course, ce sont des combats à l'épée, autant que des luttes de conscience. Ce tracé propose un modèle d'existence ; fait de séquences en enfilade auxquelles le héros accède successivement grâce aux clés qu'il possède en lui. Chaque étape, chaque porte franchies, augmentent sa connaissance, éclairent son rapport au monde et à Dieu. Un type de beauté morale se dessine qui bientôt inonde le héros et le pare à tout jamais.

La geste, récit métamorphosé par les époques et les philosophies successives, sert de guide spirituel au chevalier du Moyen Âge. Les transformations qu'elle connait obéissent à un souci de vraisemblance. Les épreuves sont marquées par les couleurs du temps. C'est que la quête s'inspire de la réalité, d'une observation aigüe des êtres et des choses qu'elle rend transparents et auxquels elle ne manque pas de donner une signification métaphysique. Il ne s'agit pas de se dégager du réel en ne le voyant plus mais en le voyant vraiment.

« Le roman devient une description de la vie selon l'Esprit. Ce n'est plus pour la possession d'un joyau (le Graal) que l'on s'élance, mais pour comprendre la Vérité » (20). La Vérité est le principe de l'univers palpable. C'est à travers cet univers apparent que le chevalier espère atteindre la vérité qui gît en lui et connaître harmonie et cohésion. « S'élever par la pratique austère du sacrifice, au dessus des faiblesses du cœur et du trouble des sens, afin que l'âme purifiée, dégagée du monde incohérent des apparences, par-

---

\* Voir à ce sujet l'ouvrage de Jean Michel Varenne paru dans la même série.

vienne à la connaissance, à l'intelligence vraie de l'univers, telle est la doctrine qui se dégage de la « Queste ». (21)

Départ pour l'Orient, mission sacrée, défense des lieux saints, épreuves imposées par le climat ou l'ennemi, tous les agissements des Templiers correspondent à l'idéal initiatique.

On l'aura compris, la spiritualité initiatique déborde du strict cadre religieux. Elle est l'héritière de la tradition ésotérique qui distingue deux types de religions : la religion naturelle, la religion révélée.

La religion naturelle, sorte de sentiment originel du monde serait la source de tous les courants de pensée religieux : bouddhiste, judaïste, taoïste, chrétien.

La religion révélée est organisée. Elle existe par sa forme, renouvelée à l'infini par le rite qui, corrélativement, la dévoie de son principe. « Toutes les religions comportent deux enseignements : l'un pour le peuple, l'autre pour ceux qui ne se satisfont pas des doctrines. » En une formule : l'exotérisme pour les profanes, l'esotérisme pour les initiés. Pour illustrer cette idée, Ivan de la Thibauderie (22) remarque qu'après avoir congédié les fidèles à la messe par le « Ite missa est ! » le prêtre lit pour lui seul le prologue de l'évangile de Jean, l'apôtre ésotérique.

# Visitez l'Orient

Le voyage illustre la démarche initiatique. Tous les récits d'inspiration initiatique, de l'antiquité au roman médiéval fourmillent d'odyssées. Le compagnonnage, par exemple, reconnait l'initié dans l'ouvrier qui a au préalable effectué un long périple pédagogique. Ce déplacement dans l'espace, matériel et symbolique, abat les frontières artificielles, rattache entre elles les connaissances éparses, tisse un réseau à travers le globe et abolit le temps par la transmission éternelle de la Vérité.

En outre le voyage confère une pure joie esthétique au chevalier, joie présente chez les Templiers attirés par les splendeurs et les paroxysmes d'un pays de déserts : grands froids des nuits et chaleurs maximales des après-midi, sol brûlé où ne pousse qu'une végétation chiche.

En Orient, l'occasion est donnée au voyageur de ressentir physiologiquement le cosmos, création primitive de Dieu, alors que les régions tempérées ne lui apportaient que des nuances et une douceur impropres à déclencher une sensation primitive du monde.

Ce contact avec une nature brute, ce goût d'une densité originelle et divine éclate dans *la Lettre sur la Vie solitaire* rédigé par Guillaume de Saint-Thierry, ami de Saint Bernard, et adressée aux chartreux du Mont-Dieu « qui apportent dans les ténèbres de l'Occident et dans les frimas des Gaules, la lumière de l'Orient et l'antique ferveur de l'Egypte..., idéal de la société céleste. » Tout est dit. En traversant la méditerranée, les Templiers passent symboliquement des ténèbres de l'ignorance à la perception de la lumière divine.

# En marge

Associant chevalerie et vie monastique, les Templiers unissent deux marginalités.

La gradation initiatique les confronte à des découvertes spirituelles qui battent forcément en brèche le dogmatisme religieux, la théologie. L'expérience, vécue dans l'intimité de l'esprit, est condamnée au silence ou sera traduite par des rites internes et secrets, accomplis entre membres choisis et éprouvés. Il ne s'agit pas seulement d'une volonté élitiste. Un danger réel existe : l'accusation d'hérésie.

Le statut monastique ne garantit pas une intégration sociale et idéologie plus satisfaisante. Le moine n'enseigne pas. Il n'est pas un évangélisateur. Pas d'esprit missionnaire chez les moines-templiers d'Orient : ils n'ont pas l'intention de convertir les musulmans. Le moine choisit le monastère pour y mener, lui aussi, une expérience de la vie selon l'Esprit. La parole, l'écriture ne le préoccupent pas tant que l'expérience, poursuivie dans le cadre de la Règle. « Le moine se tient volontairement en marge pour arriver à une relation plus étroite avec les autres « marginaux » et aussi, certes, avec ceux qui sont au centre ; il s'éloigne des hommes pour leur être plus intimement uni. » (23)

C'est le moine encore, cet imperturbable croyant, qui pousse jusqu'au bout la foi en la rédemption. « L'heureux genre de vie, écrit Saint Bernard, dans lequel on peut attendre la mort sans crainte, la désirer avec joie et la recevoir avec assurance ! » Chaque chrétien va se répétant que la vie terrestre n'est que le tremplin de la félicité éternelle. Les Templiers démontrent les hypothèses religieuses en déployant une piété exemplaire et désintéressée. Nul doute que le paradis est au bout de leurs lances. Pourquoi en ce cas craindraient-ils la mort ? L'ultime sincérité est bien là : le test de la mort, la preuve de Dieu par la foi de celui qui fait don de son existence.

Le moine chevalier joignant sereinement la mort à la vie, jette une arche entre les pôles, entre le reclus et le conquérant, et, par dessus la mort, entre la vie terrestre et la vie éternelle. Un justicier, un marginal, un médiateur.

Somme toute, les Templiers n'ont pas le choix. Ou bien ils rentrent dans le rang en jouant au politique, ou bien ils se démarquent de l'autorité en appliquant leurs principes. Dans un cas ils mènent l'Ordre à la catastrophe en le soumettant aux fluctuations des événements, dans le second ils le situent hors des pouvoirs extérieurs à leur propre hiérarchie, ce qui aura pour effet de les rendre indésirables aux yeux d'un monarque autoritaire, soucieux de régner sans partage.

# VI
# La rédemption

*Fides suadenda, non imponenda (La foi doit être persuadée, non imposée).*

Bernard de Clairvaux.

# Réunion secrète

1307, dans les premiers jours d'automne, un groupe de cavaliers se faufile à travers la forêt de Pontoise jusqu'à l'abbaye cistercienne de Maubuisson.

Intrigués, les moines reconnaissent le roi Philippe IV, et chuchotent que les personnages hautains et glacials qui l'entourent seraient ses conseillers Guillaume de Nogaret et Guillaume de Paris, et Gilles Aycelin son Garde des Sceaux. Avec des airs de conspirateurs, sans un regard pour ceux qui les accueillent, les arrivants se retirent dans une aile de l'abbaye où des logements sont mis à leur disposition.

Dans une salle voutée, agrémentée d'une large cheminée où des grumes se consument en permanence, les quatre plus hauts dignitaires du royaume se réunissent sans relâche pendant quinze jours. Leurs discussions, étouffées comme une rancœur qu'on remâche, dégénèrent parfois en éclats de voix, brefs mais terribles. Le roi « impassible et muet », écoute tour à tour « sans jamais répondre quand on lui parle », ces hommes à sa dévotion étudier si bien le projet qu'il a en tête. Il a prévenu qu'on ne se séparerait qu'une fois l'affaire réglée. L'ordre du Temple doit être démantelé sans qu'on donne l'impression de le prendre d'assaut. Philippe le Bel est résolu à tirer avantage de la perfection du complot. Loin d'être entamée, sa respectabilité doit en sortir grandie. Que les Templiers soient coupables de déviation religieuse ou non, peu lui chaut, mais il met un point d'honneur à convaincre l'Église et le peuple de leurs fautes et ne désespère pas persuader le Saint-Père en personne à feindre de le croire. À un moment donné, dans l'atmosphère épaisse où s'accumulent des évocations de cachots, de supplices, et de mort, Aycelin explose : il renonce à sa charge et claque la porte. Le roi n'a rien manifesté. Il se contente de nommer Nogaret pour succéder à l'ancien Garde des Sceaux.

Bientôt la petite assemblée arrête sa décision. Pour rester dans les limites du pouvoir royal, et afin de ne pas braquer le pape, seul l'Ordre français sera visé. Pour saper une éventuelle rébellion, il est demandé que tous ses membres soient appréhendés, le même jour au même moment.

Dans les heures qui suivent, le verdict est consigné par écrit et les rouages de son application mis en place. Guillaume de Paris informe dans le plus grand secret tous les prieurs dominicains, dévoués à l'Inquisition, que les Templiers vont leur être déférés pour interrogatoire immédiat.

« C'est moi, écrit-il en substance, qui ai conseillé au roi de les faire examiner, et j'ai obtenu de lui la faveur de procéder à cet examen. Je fais appel à votre zèle, à votre vigilance, à votre activité. Vous prendrez tous les renseignements, et si vous venez à découvrir que les crimes reprochés aux Templiers soient vrais, vous en ferez part aux Frères Mineurs et aux autres religieux. » (24)

Le roi entend profiter du choc administré aux membres de l'Ordre pour obtenir des aveux irrépressibles.

La manœuvre royale parvient à demeurer confidentielle jusqu'à son exécution. La veille de son arrestation, le grand maître Jacques de Molay participe aux obsèques de Catherine, femme de Charles de Valois et belle-sœur du roi alors que Philippe le Bel assiste à la cérémonie. Il est probable que le premier dignitaire du Temple ignore qu'une opération préméditant sa déchéance est sur le point d'être déclenchée, mais il est tout aussi probable qu'il ne nourrit aucune illusion sur les intentions de Nogaret et du roi Philippe IV. Voilà plusieurs mois qu'il subit des attaques dont il connait les auteurs. En son for intérieur, une interrogation revient comme un leitmotiv : « Jusqu'où iront-ils ? ».

# La rafle du vendredi 13

A l'aube du 13 octobre 1307, du haut des murailles, entre les flamèches de brume que les marais expirent, les frères châtelains de la maison du Temple voient approcher la troupe royale. Guillaume de Nogaret et Raynald de Roy marchent en tête de tous les prévôts, baillis et sénéchaux que Paris doit compter. Derrière cette inquiétante avant-garde se presse une armée de soldats.

Sans rencontrer de résistance, la troupe franchit l'enceinte, se répand dans les cours et déloge tous les hommes, éberlués et encore endormis. L'attaque est menée avec une telle rapidité que les chevaliers du Temple en oublient d'alerter leur maître. Les soldats surprennent Jacques de Molay en chemise, dans son lit. Habitués aux tueries, à se battre jusqu'à la dernière goutte de sang, les Templiers n'osent pas lever l'épée sur les troupes royales. S'opposer à la volonté du monarque leur est moralement inconcevable. Autre raison de leur passivité : l'Ordre est ébranlé par la suspicion qui pèse sur lui et l'accable depuis longtemps. Il doute de lui et ce doute a entamé la confiance de certains frères, témoins de manquements ou de conflits internes, sporadiques mais grossis par les on-dit.

Dans la Maison de Paris, Nogaret et Raynald de Roy arrêtent les cent cinquante Templiers et les jettent en prison, certains, dont le grand maître, dans les cellules du Temple même.

L'opération se reproduit dans tout le royaume, allant parfois jusqu'au carnage, comme à Arras où la moitié des Templiers sont égorgés. Philippe le Bel ne néglige pas les risques de remous dans l'opinion publique, il charge Nogaret d'une mission de « désinformation » auprès du peuple. Une proclamation, lue dans les rues de la capitale puis acheminée à travers le pays, décrit les hésitations du roi devant les injonctions de l'Inquisition auxquelles il a dû dans un soucis de justice et de piété, céder finalement.

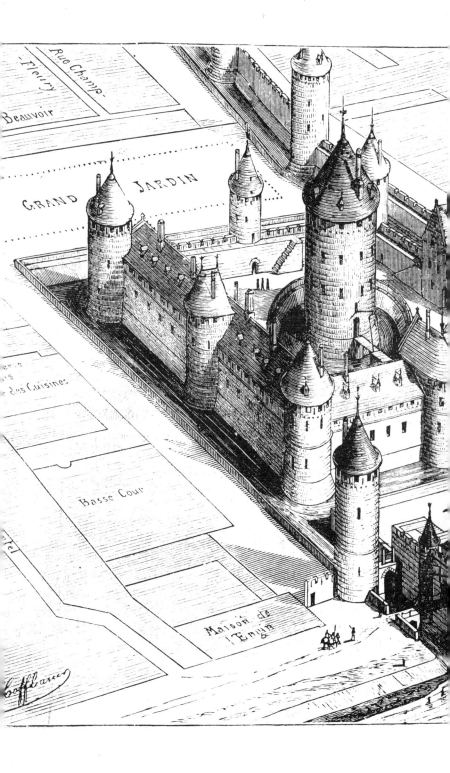

Ayant fait place nette, le roi entre dans la Maison du Temple de Paris, s'empare des archives, réunit le trésor public avec la caisse de la maison du roi que gardaient les Templiers, place sous sa sauvegarde les fonds amassés par l'Ordre pour préparer une nouvelle croisade, et promet de ne rien toucher qui ne lui appartienne.

*Guillaume de Nogoret*

# Objectifs et stratégie

La réunion de Pontoise s'est contentée de régler les détails du coup de force, de donner un tour officiel à un stratagème préparé de longue main. Auparavant, Philippe avait manœuvré en secret. Procédant par insinuations, il avait favorisé la propagation de la rumeur pour qu'elle se répande naturellement jusqu'à Rome. D'ailleurs, Clément V comprend très vite que la menace visant le Temple a pour lui valeur d'avertissement. La savante utilisation du délai, de la rémission confère une crédibilité à l'accusation et une légitimité aux arrestations. Les soupçons, instillés au goutte à goutte, ont empoisonné les consciences, atteignant l'Ordre en son sein. L'action du roi et de l'Inquisition achèveront la besogne, convertissant les suspects en coupables aux yeux des contemporains.

Le rythme lancinant, oppressant de la machination, son mouvement de rouleau compressseur dépeint la formidable obstination de Philippe le Bel.

La réussite du roi tient d'abord à son intuition. Il a jaugé l'importance de l'adversaire, les faiblesses et la réalité du caractère humain. Philippe sait que pour venir à bout du Temple, il faut le disqualifier. Éroder lentement son crédit, jeter le doute dans ses rangs, le couper de la protection papale et tenir le souverain pontife sous sa coupe.

Le génie de Philippe le Bel est d'être parvenu à enchevêtrer l'objectif et la stratégie. Comment démêler par exemple s'il vise le pouvoir pontifical à travers l'Ordre ou l'inverse ?

Gros propriétaire terrien, le Temple, dispose — par déduction — de domaines dont le roi ne dispose pas. Or la puissance royale, si préoccupante chez un monarque attaché à l'unité du royaume, se mesure comme pour les nobles et le clergé à la quantité et à la richesse des terres possédées. Philippe le Bel tient à la prédominance de l'autorité politique. Son pouvoir contre tous les autres : pontifical, féodal, militaire et idéologique. Les dignitaires de l'Ordre appartiennent à la noblesse, mais la noblesse du royaume les jalouse car ils sont exemptés de charges féodales. En s'attaquant au Temple, Philippe satisfait son entourage tout en lui donnant un coup de semonce.

# Les prémices

Quand Philippe le Bel entame son œuvre de destruction, l'image du Temple a été ternie par des brouilles et des tensions survenues entre lui et les autorités pontificale et royale. Ces accrocs répétés coïncident avec la débâcle de la chrétienté en Orient.

De l'aventure palestinienne, le Temple ressort, bien sûr, couvert de lauriers, auréolé de courage et d'héroïsme. Mais il est aussi éclaboussé par l'échec du royaume de Jérusalem. Des épisodes comme l'absurde commandement de Gérard de Ridefort ont sévèrement entaché sa réputation. Après la chute de la Ville sainte, les Templiers se sentent abandonnés par l'Europe; les états songent à de nouvelles croisades qui ne voient jamais le jour, tant chacun est persuadé que le sort de l'Orient est définitivement joué. Les Tartares ont envahi la Syrie et sont parvenus à Acre. Leur armée mobile, agile, passe pour invincible. Elle surprend par sa composition: les femmes participent aux combats, les archers à cheval tirent aussi bien en avant qu'en arrière. Devant l'écroulement du royaume latin, conscient de la part qui lui incombe, l'Ordre, on l'a vu, opère des réconciliations sporadiques avec les Hospitaliers.

Une plus grande rigueur combat les indisciplines et les manquements à la Règle. Cet isolement, ce retour sur soi est à l'origine de plusieurs « affaires » qui affectent les relations entre le pape et l'Ordre. Urbain IV a excommunié le Maréchal du Temple, Etienne de Sissey qui a refusé sa destitution, s'estimant accusé à tort de désertion lors d'une bataille contre les Turcs. Le couvent a soutenu son Maréchal qui s'est réfugié à Paris. Clément IV, le successeur d'Urbain poursuivra l'action engagée par son prédécesseur contre le Templier. Saint Louis se situera du côté du pape et, après sa mort, la sanction d'excommunication qui pesait sur l'ennemi du Temple, l'empereur d'Allemagne est levée.

Qu'est-il advenu de la grande mission du Temple ?

De l'attente d'un Occident, tout entier tourné vers la croisade et les ordres militaires? Les Templiers s'interrogent: qui défendent-ils à présent? Une religion, une idée, une civilisation?

« Dieu dort qui veillaient autrefois, » peut-on lire dans les écrits de l'Ordre. « Les légats du pape vendent Dieu et son pardon pour de l'argent. » Et l'historien de commenter: « S'ils crachaient ce n'étaient pas contre le Christ, mais la trahison de Rome et l'indifférence totale de l'Eglise. » (25)

Clément V

## La rumeur

Les premières accusations portées contre le Temple semblent émaner d'un certain Floyrans de Béziers, prieur à Montfaucon. Ce zélé serviteur de la foi se fait le porte-parole de rumeurs insistantes circulant au début du XIV$^e$ siècle, dans la région d'Agen. Il s'empresse d'informer le roi d'Aragon qui, ayant éprouvé la piété et l'héroïsme des Templiers, refuse de l'entendre. Dépité, mais convaincu de l'importance de ses révélations, le prieur s'adresse au roi de France :

« Les Templiers renient Jésus et crachent sur la croix. Ils ont trahi en Palestine en s'alliant avec les Sarrasins. D'ailleurs ils ont abjurés la religion du Christ et se sont convertis à celle de Mahomet. Ils adorent une idole revêtue d'une peau humaine. Le diable ! qui, dans certains couvents prend la forme d'un chat qui parle... Ils ont commis des actes contre nature. Ils font boire dans du vin les cendres des morts qu'ils brûlent lors de leurs cérémonies initiatiques. Ils cuisent et rôtissent au feu les enfants qu'ils ont faits et enduisent leur idole avec la graisse qu'ils prélèvent sur leur victime. » (26)

Cette liste des méfaits circule avant l'arrestation des Templiers. Bien qu'elle mêle le vraisemblable à l'invraisemblable, le plausible à l'improbable, son incohérence n'est pas sa caractéristique première. Ce genre de dénonciations ne sont ni originales ni propres à l'affaire du Temple. Elles constituent, à quelques aménagements prêts, la panoplie classique des épouvantails de l'obscurantisme. Manichéens, Cathares furent incriminés pour de semblables déviations. A parcourir aujourd'hui cette litanie infernale on la voit se consumer dans le crescendo de son délire. Doit-on rappeler que l'Histoire regorge d'accusations de ce style, transformant les héros d'hier en renégats ? Comme si les sociétés, après s'être identifiées aux destins glorieux qu'elles engendrent, les rejetaient par mauvaise conscience. La démesure du culte des grands hommes rapetisse chaque individu en même temps qu'elle exalte l'image du groupe tout entier. Pour ce qui concerne les Templiers, la déconsidération générale intervient au moment où, la Terre sainte ayant été abandonnée, les chevaliers de la chrétienté enrichis et puissants ont regagné leur pays.

L'énumération des péchés attribués aux Templiers, peaufinée par Guillaume de Nogaret, reçoit l'approbation du roi. Philippe avertit le plus sérieusement du monde le Pape Clément V que le Temple est suspecté d'hérésie.

Philippe le Bel joue sur le velours. Clément V est en mauvaise posture. Des incidents l'on contraint à fuir Rome et le roi de France s'est empressé de l'accueillir. Le souverain pontife, sacré à Lyon au mois de Juin 1305, est l'invité du roi et, à ce titre, redevable.

Les révélations parviennent au Saint-Père alors qu'il séjourne à Bordeaux. Comment refuserait-il une entrevue à son protecteur? Elle a lieu à Poitiers, quelques jours après la Pentecôte de 1307. D'entrée de jeu Philippe le Bel abat ses cartes:

« Je vous demande, Très-Saint-Père l'abolition de l'Ordre du Temple. » Autour du roi, l'état-major familial approuve et renchérit. Il y a les frères et les fils du roi, ses principaux barons.

« Mon fils chéri, s'exclame enfin Clément V, c'est impossible. Comment pourrai-je accepter ce que tu me rapportes? C'est si incroyable! Mais je t'en prie, continue tes investigations, je te promets que nous mènerons aussi notre propre enquête. Tu voudras bien t'enquérir diligemment et ce que tu sauras, tu me l'écriras. »

En différant sa réponse, le pape ne cherche qu'à gagner du temps sans avoir à contrarier « son fils chéri. » Il se sait pris à la gorge; il connait la réputation du roi de France. Celui-ci n'est pas homme à lâcher sa proie.

Bientôt le pape se prétend malade: « Il me faut suivre un régime, il me faut prendre médecine, » fait-il

savoir aux envoyés de Philippe. Entretemps les Templiers ont été prévenus de ce qui se préparait. Ils se tournent vers le pape en le suppliant d'ouvrir une enquête qui leur rendrait raison et ferait taire la calomnie. Ils insistent pour être « absous s'ils sont innocents, condamnés s'ils sont coupables. »

Jacques de Molay quitte l'île de Chypre où il se trouve et rencontre le pape à Poitiers. Soixante chevaliers escortent le grand maître. Ces hommes aguerris sont surpris par l'attitude fuyante du Saint-Père. Au lieu de les aider à se laver des accusations, le souverain pontife propose une « parade » aux attaques du roi et de ses conseillers : les accusations ne visent que le Temple ; l'ordre des Hospitaliers est épargné ; une fusion des deux ordres déroberait le Temple au regard malveillant du roi et de ses conseillers. Molay refuse.

Après quoi, la rumeur n'a plus besoin d'être nourrie par l'entourage royal, des témoignages spontanés, des confidences sont rapportés au Saint-Père.

Le 14 septembre, la semaine précédant la réunion de Pontoise, un mois avant l'arrestation des Templiers, Philippe le Bel verse une pièce importante au dossier : « Les chevaliers du Temple sont des loups ravissants, écrit-il, cachés sous la peau d'un agneau ; nous avons appris qu'ils outrageaient gravement Notre Seigneur Jésus-Christ, le Rédempteur du monde, qu'ils le crucifiaient une deuxième fois en l'accablant d'injures. Nul n'est admis parmi eux, si dans un aveuglement criminel il ne renie trois fois Notre-Seigneur, si par trois fois il ne crache sur la croix. Lors de sa réception, après avoir quitté ses vêtements séculiers et s'être mis tout nu devant le visiteur de l'Ordre, ou celui qui le remplace, le nouveau Templier embrasse trois fois celui qui le reçoit, la première fois sur la partie du corps ou finit l'épine dorsale, la seconde fois sur le nombril, la troisième fois sur la bouche ; puis il s'engage par son vœu professionnel à se soumettre aux plus ignobles lubricités. Nous avons cru d'abord que les délateurs de ces faits avaient agi sous l'empire de l'envie, de la haine et de la vengeance ; nous avons donc accepté avec défiance leurs déclarations ; mais les dénonciateurs se sont multipliés, et de soupçons en présomptions et en probabilités, le Saint-Père et moi, nous avons voulu rechercher la vérité, nous nous sommes entretenus de cette affaire à Poitiers, et nous l'avons traitée avec diligence. » (27)

# La symbolique du crachat

Reniement du Christ, crachats sur la croix viennent en tête des accusations. Ressassées par les juges, ces griefs fascinent visiblement les historiens qui ont choisi de prendre parti dans le procès des Templiers. Ils ont avancé des explications de toutes sortes pour justifier des pratiques qui, pour être probables ne sont pas certaines. Parmi les suppositions : il aurait été proposé aux frères initiés de cracher sur le crucifix dans le but d'éprouver leur foi pour le cas où ils seraient faits prisonniers par les Sarrasins et que ceux-ci leur demanderaient de se convertir à la religion islamique. Pourquoi ne pas imaginer alors que les dignitaires de l'Ordre sélectionnaient ainsi les chevaliers qui, dans leur cheminement spirituel, s'étaient débarrassés du fétichisme religieux ?

Procédons autrement. L'itinéraire initiatique impose qu'un rituel ésotérique s'ajoute aux pratiques religieuses communes (voir la partie V de ce livre). Ce supplément peut s'inscrire dans une dialectique dont on trouve trace dans ce que Bachelard appelait « vénérer son maître en le contredisant » ou dans l'apostrophe du bouddhiste chinois. « Si tu vois le Bouddha, tue-le ! » Cette conception de l'enseignement mystique où la religion serait une étape provisoire vers la réalisation de l'être — conception dont les Templiers ne sont pas les inventeurs — suffirait à rendre logique et légitime l'initiation par le reniement du maître, donc du Christ.

Mais au-delà, si le reniement a été au cœur des forfaits reprochés aux Templiers c'est que l'Inquisition avait la sensation que le Temple tournait sur une autre orbite que celle de la simple récitation des prières et de l'obéissance aux principes de l'Église. Aussi, importe-t-il peu que les Templiers aient effectivement craché, ou non, sur le crucifix lors d'intronisations secrètes.

En revanche, il est indéniable que la démarche du Temple s'est poursuivie dans le sens de cet affranchissement. Ceux qui ont fabriqué l'accusation l'ont pressenti : chez eux, même chez eux, cette idée a été présente à ce moment du développement de la morale religieuse. Qu'elle le soit encore dans l'esprit des historiens lui fait mériter d'être retenue et considérée.

On s'attachera plutôt à comprendre la signification du reproche qu'à découvrir s'il est fondé ou pas.

# De la crucifixion à la croix

Pour qu'une telle constatation prenne sa valeur, examinons l'importance et le rôle de la crucifixion chez les croyants : elle s'impose simultanément comme image de Dieu et image de leurs péchés. Deux lectures essentielles de la croix peuvent être proposées, radicalement différentes, selon qu'est considéré le *signe* graphique ou l'*élément dramatisé*. L'un comporte deux droites formant une intersection, l'autre montre un homme supplicié.

Ces deux lectures sont évidemment confondues dans les mentalités influencées par la culture chrétienne ; pourtant elles ne sont pas inséparables dans la compréhension symbolique de la croix.

Elément dramatisé, figuratif, c'est bien ainsi que la croix est utilisée dans l'iconographie chrétienne où la silhouette de Jésus est clouée sur les axes horizontaux et verticaux du signe primitif. Cette représentation caractérise la chrétienté dans son ensemble et agit sur les consciences. Elle domine les autels, illustre toutes les cérémonies religieuses (baptême, communion, obsèques), orne la canne du pape, figure sur une multitude de fresques et de compositions picturales des plus grands maîtres classiques ou modernes, s'affiche au dessus des lits matrimoniaux, suscite la colère et réveille la censure lorsqu'un auteur de film la pastiche ou en modifie le sens.

Elle est omniprésente dans l'univers mental et fantasmatique de la moitié des habitants de la planète, se riant des frontières, des langages et de la couleur de la peau.

Apothéose des spectacles représentés sur les parvis des cathédrales à l'époque des Templiers, la crucifixion a été montrée au théâtre, au cinéma avec un égal engouement du public pour lequel elle constitue une véritable attraction. Elle s'identifie si aisément que la *dramatisation* propre à la religion chrétienne, est comme incrustée dans le dessin de la croix *graphi-*

*que.* Pour nous, la croix n'est plus une abstraction mais la stylisation du supplice du Christ. Elle est personnalisée, individualisée, devenue l'emblème d'un individu, d'une péripétie.

Et rien ne résume, n'exprime mieux le sens de la vie de Jésus que sa configuration de Christ, Dieu fait homme en croix.

Par cette humanisation, le Christ perd l'essentiel de son statut divin et, par conséquent, de la connaissance du divin à laquelle il est censé inviter. Il est affublé de sentiments, d'une psychologie, de comportements. Il souffre, il doute.

L'élément humain prêté au Christ, déconsidère et contredit la symbolique méditative de la croix. L'aspect figuratif de la crucifixion dénature la fonction du signe abstrait, en détourne l'efficacité spirituelle au profit d'une théâtralité culpabilisante. Regardez ce que vos péchés ont fait de Dieu ! Un homme banal. Contemplez ce que vous avez fait de cet homme ! Un martyr pitoyable. Vos actions et vos pensées sont génératrices de douleur, de souffrances et de mort Y COMPRIS à l'encontre de Dieu.

Originellement, la croix en tant que graphie, se trouve dans toutes les civilisations antiques : l'égyptienne, la chinoise ou la crêtoise.

Dans l'acception symbolique du signe, le point central, déterminé par les deux branches, s'ouvre sur l'espace que les quatre rayons explorent. Les extrémités évoquent les quatre éléments, elles touchent aux points cardinaux, à la totalité du cosmos dans lequel l'être se perçoit comme un centre conciliateur, trouve sa définition dans sa capacité à saisir en lui l'unité de ce monde grandiose. La terre communique avec l'univers, dans un mouvement qui s'enroule sur l'axe de rotation (la branche verticale), où le soleil apparait à un extrême pour disparaître à l'autre (la branche horizontale). Dans une perspective métaphysique, la verticale unit la terre au ciel, établit une communication entre le monde matériel, révélé, et le divin, l'invisible ;

l'horizontalité étant interprétée comme le déploiement terrestre de l'être, son champ physique, biologique, conscient, son «horizon.» Ainsi le tracé de la croix «explicite le mystère du centre; elle est diffusion, émanation, mais aussi rassemblement, récapitulation.» (28)

Tel que, le signe est une proposition méditative. Hors de toute contrainte descriptive, il invite son lecteur à découvrir et à comprendre le monde. Associé à l'expérience personnelle de celui qui l'adopte il sert de référence et inspire un itinéraire mental propre où le divin peut être abordé. C'est de cette façon qu'était dessinée la marque croisée qui ornait le manteau des Templiers; c'est de cette croix là dont ils étaient frappés.

La religion a plaqué sur ce signe incitatif, ouvert, proche de la pensée et de ses dérives par son caractère purement abstrait, une image sanglante. Du coup la verticalité est bornée en bas par les membres entravés de l'homme-dieu, limitée en haut par la couronne d'épine, pénétrante et griffue, qui ceint le front, c'est-à-dire impose à l'esprit contraintes et interdits.

L'horizontalité n'est plus qu'un écartèlement atroce, où les extrêmes sont cloués, où la chair est meurtrie.

Ainsi l'église inculque-t-elle son point de vue, délivre-t-elle le message chrétien. Il est logique qu'une philosophie basée sur une opposition des pôles (le Bien — le Mal; Dieu — le diable) purement arbitraire, synthétise son idéologie dans une scène de châtiment corporel. L'homme est enchaîné à l'idéologie chrétienne, le sacrifice du Christ agissant comme l'image du châtiment. Si l'homme tente de concevoir une relation libératrice entre lui et Dieu, il encourt la destruction. Selon la chrétienté la félicité ne peut naître de l'union des contraires qui n'apparaissent jamais comme le régulateur des rythmes et de l'harmonie universelle, une composante vitale ou la source des énergies créatrice et productrice mais, au contraire, comme fatale.

Par une somme de sens cachés, la crucifixion s'interpose entre l'être et sa préhension du divin, elle intercepte sa quête curieuse et avide en la noyant dans une morale idéologique. On peut imaginer quel a dû être l'étonnement des Templiers découvrant l'absence de représentation concrète de Dieu et de tout élément humain dans la religion islamique.

Les crucifixions pratiquées par les Romains avaient lieu sur un dispositif en forme de « T » ou *Tau*. Ce point de détail montre assez que le supplice du Christ a été artificiellement plaqué sur la croix. Dans la version historique la circulation verticale n'existe plus puisque la barre transversale de la figure l'interrompt. Ne pouvant se satisfaire d'un graphisme ou la relation à Dieu n'est pas indiquée, au départ, Jésus a donc été placé sur des branches croisées, interceptant par sa présence, la libre circulation verticale. Il apparaît alors comme la représentation de l'Église elle-même, vigilante et punitive, comme une sorte de reproche permanent fixé aux consciences.

Dans la plupart des œuvres picturales montrant la mort du Christ, on remarquera que les larrons, qui ne sont pas d'essence divine, sont attachés au *Tau ;* le Fils de Dieu bénéficiant seul d'une vraie croix.

# Les procès du Temple

Deux procès sont intentés au Temple. Le premier, mené par l'Inquisition et contrôlé par le roi et ses conseillers, vise les Templiers individuellement; le second, dirigé contre l'Ordre en tant que personne morale, entre dans la juridiction du pape qui nomme une commission pontificale pour en assurer l'instruction; le concile de Vienne aura à charge de le juger.

Les aveux obtenus sous la torture sont retenus comme preuve, l'accusé qui se rétracte étant promis au bûcher comme relaps. Les accusés pouvaient être abusés par une telle alternative et préférer s'en tenir à des fautes qu'ils n'avaient pas commises plutôt que de revenir sur leur déclaration sachant qu'un revirement leur vaudrait d'être brûlés vifs.

Sur un strict plan juridique, le procès des Templiers bafoue la justice. Il accumule combines politiques, tractations secrètes et jusqu'à d'incroyables décisions gouvernementales, telle la réunion des Etats-généraux à Tours en 1308, imaginée par Nogaret, pour que Philippe le Bel puisse conserver la maîtrise du procès.

La commission pontificale, plus disposée à examiner sérieusement les arguments du Temple, intervient après les interrogatoires dévastateurs de l'Inquisition. Menées tambour battant, à grand renfort de menaces et de violences, ces séances atteignent vite leur double objectif: extorquer des confessions conformes et convaincre les instructeurs pontificaux de la culpabilité des accusés. Malgré cela les représentants du pape doutent bientôt. La conviction, l'intransigeance des frères de l'Ordre parviennent à les émouvoir en dépit des pressions royales: aux audiences, lors des comptes-rendus, dans le choix des témoins les envoyés de Philippe sont présents à chaque fois qu'il le faut pour accabler les Templiers réfractaires et anesthésier le libre arbitre des enquêteurs.

L'histoire regorge de procès politiques dont les

conclusions sont tirées à *priori*. Le machiavélisme déployé par l'Inquisition pour « détruire les hérésies, ce qui ne peut être fait qu'en détruisant les hérétiques par la conversion ou par le feu » confère au procès du Temple une modernité sans âge.

Jetés dans des cachots séparés, les Templiers sont appelés à comparaître comme « témoins ayant juré de dire la vérité sur soi et autres ». Guillaume de Paris leur met d'emblée le marché en main : « le pardon s'ils confessent, la mort s'ils ne le font pas ». La redoutable mécanique de l'Inquisition est mise en place le 19 octobre.

Jacques de Molay doit répondre de ses fautes le 24 : les déclarations du maître, attendues par ses juges et l'Ordre tout entier confessent le crachat, le reniement du Christ mais réfutent toutes les autres accusations.

## Les derniers maîtres

Durant la période qui précède les arrestations, alors que le Temple a vent de ce qui se prépare, Jacques de Molay reste sans réaction, impuissant à contrer ses adversaires sur leur terrain. Sous son commandement, l'Ordre n'est mobilisé ni à Paris ni en province pour tenter de couper court aux rumeurs avant qu'elles ne se soient muées en chefs d'inculpation.

Depuis Guillaume de Beaujeu et sa fin héroïque à Saint-Jean d'Acre, le Temple a eu deux maîtres qui, cédant au mouvement général, ont choisi la voie du repli et du fatalisme. Thibaud Gaudin a quitté la scène orientale, emmenant les archives de l'Ordre ; Jacques de Molay a laissé le Temple impréparé devant les bourreaux de Philippe le Bel.

La personnalité des deux derniers maîtres, reflète la conscience du Temple. L'Ordre ne se connait plus de destin, ayant accompli celui que ses fondateurs lui avaient fixé tant que cela fût possible.

Le Temple s'étiole et semble attendre qu'on statue sur son sort. Le seul système de défense qu'utilise Jacques de Molay est le recours au pape dont il paraît espérer plus que de lui-même, comme s'il allait par une décision éclaircir une énigme que le maître pose à l'Ordre tout entier.

Puissant et nécessaire autrefois, le Temple, vidé de son sens, de sa raison d'être, est si vulnérable que l'arrivée des troupes royales au petit matin suffit à le soumettre. Quoi défendre face à ceux qui vont abattre ce qui, déjà, est ruiné ?

« Le courage actif de la résistance ouverte, les Templiers ne l'eurent pas. Ils ne firent preuve que d'un héroïsme passif de victimes. » (29)

La confession et les dénégations de Jacques de Molay qui, par delà sa personne engagent l'Ordre, sont privés de cette ardeur qui jadis défaisaient les armées ennemies. La foi ne résonne plus de cet écho intérieur qui tonnait sans qu'il fût besoin d'un quelconque soutien, pontifical ou autre. Elle est réduite à une question formelle, temporelle. En une supplique : que le Saint Père nous rende notre honneur ; que notre mémoire, au moins, soit épargnée.

Lorsque, confronté à un auditoire d'ecclésiastiques et de théologiens, Jacques de Molay réitère ses aveux et affirme qu'on ne lui a rien fait qui ait été fait aux autres, ce qui indique assez sa certitude d'avoir été au cœur de tous les rites et pratiques de l'Ordre, il concède à nouveau le crachat, le reniement et rien de plus. Ce n'est ni un rebelle, ni un hérétique incurable dont l'image nous parvient, mais un accusé qui ne mécontente pas plus le pape que l'Inquisiteur. De ces concessions à la bonne marche de la procédure, le Temple subira le contrecoup. Plus tard, lorsqu'à la fin de 1309 et jusqu'aux premiers mois de 1310, Clément V appellera tous les frères du Temple qui le désirent à témoigner dans la salle de l'évêché de Paris devant ses commissaires, deux attitudes se dessineront : les hautes dignitaires observeront une réserve prudente, louvoyante, alors que les simples frères rejetteront avec mépris les reproches longuement ressassés à l'encontre du Temple.

Cette différence peut être interprétée de deux manières : influencés par leur maître, les baillis ont optés pour la conciliation ; ou bien le reniement et le crachat étaient effectivement des rites initiatiques réservés aux notables de l'Ordre.

# L'abandon du Pape

Craignant une réaction mitigée de la part du souverain pontife, Philippe le Bel ne lui fait que tardivement connaître les résultats des premiers interrogatoires. Clément V n'en ratifie pas moins les conclusions des enquêteurs et décide que les biens du Temple seront saisis partout où l'Ordre se trouve, sans prévoir qu'il donne ainsi le signal du départ à une véritable chasse au trésor, autorisant les puissances extérieures à l'Eglise, à piler les commanderies de toute l'Europe. Plus tard, le pape reviendra sur sa décision, affectera ces biens à la constitution d'un fonds destiné à financer une nouvelle croisade, coupant l'herbe sous le pied au roi de France qui espérait voir l'argent mis à la disposition d'un ordre militaire dont il aurait assuré le contrôle.

La bulle du pape du 27 novembre 1307 a pour effet de ramener enfin les Templiers sous l'autorité de la Curie. Début décembre, et bien qu'ils soient éparpillés dans les prisons, ils reviennent sur leurs premières déclarations au mépris du risque encourru. Leur rébellion soudaine déclenche une formidable bataille entre le Saint-Siège et le pouvoir royal. Clément V cherche à écarter l'Inquisition, c'est à ce moment que Nogaret se tourne vers les Etats-Généraux, tandis que la commission pontificale refuse de plier devant Philippe le Bel.

Au mois de juillet 1308, Clément V et le roi réalisent un compromis: l'Inquisition figurera dans les commissions d'ecclésiastiques, permettant un retour, d'abord modeste, de l'influence royale. Enhardi, le clan du roi forcera bientôt le pape à abandonner les Templiers à leur sort. Le souverain pontife dans sa bulle *Faciens misericordius* se contentera de fixer l'échéance du concile de Vienne, prévu en octobre 1310, soit plus de deux ans plus tard, tout en insistant sur le discrédit en lequel il tient le Temple.

# Le concile de Vienne

Dès l'ouverture du concile œucuménique de Vienne en octobre 1311 deux tendances s'opposent. L'une, prépondérante, s'insurge contre une dissolution de l'Ordre, tandis que l'autre réclame la condamnation des Templiers, sans que les inculpés aient été entendus.

Clément V tergiverse : faut-il permettre ou non l'audition des Templiers et, au cas où cela serait, seront-ils autorisés à être assistés de défenseurs ? questionne-t-il en décembre 1311. Philippe le Bel répond à sa place, il annonce sa venue à l'assemblée pontificale. A quelques jours d'intervalle, le concile voit entrer les envoyés du roi de France, le frère du monarque, l'ineffable Nogaret et... une délégation de Templiers, rescapés des arrestations, qui prétendent témoigner en faveur de l'Ordre. Ils sont immédiatement jetés au cachot et les émissaires royaux intriguent auprès du concile pour les rallier à leurs vues. Philippe le Bel parait à Vienne le 20 mars. Appeuré, Clément V interroge à nouveau le concile qui cède et décrète majoritairement la dissolution de l'Ordre.

Le 22 mars 1312, le pape ratifie la décision des prélats de toute l'Europe par la bulle *Vox in excelso,* qui taxe les Templiers d'hérésie, affirme que le maître et de nombreux frères ont confessé leur débauche, et qu'aucun homme de bien n'a voulu prendre la défense de leur Ordre devenu « odieux aux prélats et au roi, sans aucune utilité pour la Terre sainte en vue de laquelle il a été créé ». C'est pourquoi cette sentence « pourrait amener la perte de ses biens ».

Comme le constate John Charpentier « l'Ordre était donc aboli, sans avoir été reconnu coupable » (30). Bientôt, ce qui n'avait pas été annexé par le roi de France, fût pour l'essentiel remis aux Hospitaliers qui durent en céder une part importante à Philippe le Bel afin d'être autorisés à posséder le reste. Cette part alla s'ajouter au trésor du Temple de Paris, saisi au moment de l'arrestation du 13 octobre.

# La foi retrouvée

A la fin du mois de décembre 1313, Clément V ordonne que le sort du grand maître et des grands baillis soit réglé. Trois cardinaux, placés sous la présidence du père dominicain Nicolas de Fréauville, condamnent à la prison à vie les Templiers qui n'ont pas avoué et, malgré leurs confessions, les quatre hauts dignitaires.

Le peuple de Paris est convié le 18 mars 1314 à écouter, en présence des accusés, la lecture de la sentence. Ce qui semblerait ne plus être qu'une formalité et devrait entraîner l'enthousiasme d'une foule persuadée de la félonie du Temple, vire au coup de théâtre. Plutôt que de se satisfaire d'un verdict lui laissant la vie sauve mais entâchant à jamais l'histoire de ses frères de combat et de prière, Jacques de Molay revient soudain sur ses aveux. Dans sa série de romans *Les Rois maudits*, Maurice Druon raconte le sursaut du maître :

« — Je ne suis coupable, continuait Jacques de Molay, que d'avoir cédé à vos cajoleries, menaces et tourments. J'affirme, devant Dieu qui nous entend, que l'Ordre dont je suis le Grand-Maître est innocent.

Et Dieu semblait l'entendre en effet, car la voix du Grand-Maître lancée vers l'intérieur de la cathédrale, et répercutée par les voûtes, revenait en écho, comme si une autre voix plus profonde, au bout de la nef, avait repris ses paroles. »

Le précepteur de Normandie, Geoffroy de Charnay, approuve le sursaut de son supérieur et renchérit :

« Tout ce qu'ils ont pu prétendre des fautes du Temple a été extorqué sous la torture, l'Ordre est innocent ! »

A ces mots l'archevêque de Sens se dresse et clame :

« Ç'en est assez. Les condamnés sont déclarés relaps et comme tels seront brûlés vifs. »

Et l'auteur des *Rois maudits* de décrire la sérénité des deux hommes devant la sentence : « Ils se laissèrent faire avec une grande docilité. » Jacques de Molay et le commandeur de Normandie « à la fois épuisés et détendus (...) étaient enfin en paix avec eux-mêmes. »

Alors que la nuit tombe, Molay et son compagnon, rudoyés par les sergents du roi, sont conduits en barque jusqu'à l'Ile des Javiaux (l'actuel Vert-Galant). Aujourd'hui, derrière l'endroit où, sur le Pont Neuf s'élève la statue d'Henri IV, une inscription commémore le supplice des deux Templiers.

Le chroniqueur Geoffroy de Paris assiste aux derniers instants de Jacques de Molay et du commandeur de Normandie. Il constate l'absence d'émotion chez le maître devant le bûcher que l'on a dressé. Molay ôte ses vêtements « lestement et de bonne mine, sans trembler nullement quoi qu'on le tirât et le bousculât fort. » Au bourreau qui veut l'attacher au poteau il demande de le tourner vers Notre-Dame et qu'au moins il puisse joindre les mains. « Ç'en est bien le moment, je vais bientôt mourir. Dieu sait que c'est à tort. Il arrivera bientôt malheur à ceux qui nous condamnent sans justice, je meurs avec cette conviction. » Le chroniqueur voit un homme en paix avec lui-même, que la mort prend si doucement que chacun en est émerveillé. C'est que Jacques de Molay ne laisse le soin à personne, pas même à Dieu, de lui promettre la rédemption : il la découvre in extremis, dans ses propres forces.

Geoffroy de Charnay laisse les flammes lui ôter la vie avec autant de courage. L'un et l'autre à l'instant de leur ultime volte-face sont saisi par la foi, cette foi simple et dépouillée d'une espérance purement humaine. L'alternative : feindre à soi-même ou se reconnaître dans la Vérité leur est proposée. Ils la résolvent. Jacques de Molay et son compagon sont plus Templiers à cet instant qu'ils ne le furent sans doute jamais. Moines et soldats comme en Orient, là où la mort, cette formalité microscopique entre soi et Dieu, n'effrayait pas. Aux ruses qui débouchaient sur une pitoyable dégradation du corps et de l'âme — la prison à vie ! — ils préfèrent l'accord parfait de l'identité éternelle.

# VII
# Conclusion

# Le trésor existe

Après l'histoire des Templiers, celle de leur trésor. L'or du Temple, ses archives secrètes dorment-ils dans des coffres ensevelis ou sous les dalles d'une crypte inaccessible ?

Le trésor est partout et cependant il demeure introuvable. « Quelle commanderie démantelée n'a pas reçu un jour ou l'autre la visite d'un des innombrables visionnaires armés de la pioche ou du pendule et que rien ne découragera jamais de mendier obstinément à un sol rétif le fameux trésor des Templiers (...) ? Aucun trésor n'a fait couler tant d'encre, excité tant d'imaginations ni engendré tant de chimères. » (31)

Certains spécialistes sont persuadés que Jacques de Molay connaissait la date d'intervention de la troupe royale et aurait, le 12 octobre, affrété trois chariots recouverts de paille qui seraient partis en direction de l'Angleterre où la royauté était resté inébranlablement bienveillante à l'égard de l'Ordre.

Gérard de Sède cite un document mentionnant douze dignitaires qui auraient accompagné le convoi. Empruntant le chemin des écoliers afin de passer inaperçus, les chariots se seraient évanouis dans la nature.

Le doute qui plane sur l'existence du trésor du Temple, sur les lieux hypothétiques où celui-ci aurait été enfoui entretient le souvenir de l'Ordre, laisse vivace sa quête philosophique.

Et c'est pourquoi ce trésor existe.

Le mystère dépasse la réalité matérielle ou mythique des richesses ensevelies des Templiers. Il concerne leur aventure humaine et spirituelle, les découvertes qu'elle a pu susciter et qui continuent de nous fasciner. A la manière d'un trésor caché.

Les Templiers ont-ils ou n'ont-ils pas résolu le conflit fondamental à la connaissance qui oppose l'homme provisoire, personnalisé, enraciné dans sa

contemporanéité, et l'éternité qui est en lui, qui le tracasse et qu'il cherche à saisir ?

Tout entiers investis dans leur besogne métaphysique, les Templiers semblent bien avoir empiriquement suivi la voie d'une spiritualité où l'harmonie découle d'une union des contraires après avoir un temps emprunté la seule voie religieuse qui, elle, les oppose.

La religion tire son pouvoir idéologique d'une conception duelle du monde : le Bien contre le Mal. Le Temple parait avoir dissout la contradiction. Et cela en appliquant les consignes politiques et religieuses de leur époque. N'a-t-il pas été le fer de lance de toute la chrétienté ?

L'Ordre, en tant qu'œuvre, apparait comme un champ harmonieux et cohérent : les Templiers se sont préoccupés du divin tout en massacrant leurs semblables et en servant le système féodal. Plus de Bien seul (l'assistance aux pélerins), plus de Mal à proprement parler (la guerre est sainte), pas la moindre trace d'isolement social (on lutte au coude à coude avec les forces armées des grands de ce monde) !

Le Bien-le Mal se sont volatilisés, ont fusionné. Mais ne doit-on pas voir là, précisément, ce qui fût reproché à l'ordre du Temple par le pouvoir politique ? Les consciences religieuses pouvaient elles décemment accepter, encourager et bénir longtemps semblable expérience sans voir le danger idéologique et philosophique qu'elle représentait ?

Des hommes tournaient leur regard vers Dieu, s'engageant dans une quête à la fois douce et brutale s'inspirant des deux visages d'un monde unique, sans que le choc de ces forces divergentes n'entraine la destruction de l'une au bénéfice de l'autre.

# Table des matières

| | |
|---|---|
| **I. INTRODUCTION** | 5 |
| **II. LE QUARTIER DU TEMPLE** | 9 |
| En miniature | 11 |
| L'enclos du Temple | 12 |
| Un réseau | 14 |
| La porte s'ouvre | 18 |
| Refuge | 21 |
| Derrière les grilles | 23 |
| **III. L'ORDRE ET LA RÈGLE** | 27 |
| Hugues et Bernard | 29 |
| La Foi et l'Epée | 31 |
| Le Temple de Dieu | 33 |
| Plan de Jérusalem | 34 |
| C'est la faute de l'Islam | 35 |
| Jérusalem, capitale céleste | 37 |
| Le sens de la Règle | 38 |
| La Règle du Temple | 40 |
| Voyage à l'intérieur de l'Ordre | 42 |
| La morale de l'or | 45 |
| Expansion financière | 48 |
| L'histoire et l'éternité | 52 |
| **IV. L'AVENTURE POLITIQUE** | 53 |
| Carte de la Terre Sainte | 54 |
| Dans l'arène | 55 |
| Chevaliers modèles | 57 |

| | |
|---|---|
| Saladin | 60 |
| Baudouin IV | 62 |
| Au coude à coude | 65 |
| Renaud de Chatillon | 67 |
| Incursion politique | 69 |
| Guy de Lusignan | 71 |
| Gérard de Ridefort | 73 |
| La logique du désastre | 75 |
| La nuit de la Fève | 77 |
| Jugement de Dieu | 80 |
| Les flammes de la mort | 82 |
| Décadence et grandeur | 84 |
| Richard Cœur de Lion | 86 |
| Innocent et Honorius | 88 |
| Frédéric II | 90 |
| Baroud d'honneur à Saint-Jean d'Acre | 92 |

## V. LA CONSCIENCE MYSTIQUE — 97

| | |
|---|---|
| L'archange du bien | 99 |
| Le chevalier engagé | 101 |
| Le domaine des hypothèses | 104 |
| À la rencontre de l'Islam | 106 |
| Les Templiers de la montagne | 108 |
| Le moine soldat | 111 |
| La geste pour guide | 112 |
| Visitez l'Orient | 114 |
| En marge | 115 |

## VI. PARTIE : LA RÉDEMPTION — 117

| | |
|---|---|
| Réunion secrète | 119 |
| La rafle du vendredi 13 | 123 |
| Objectifs et stratégie | 125 |
| Les prémices | 127 |
| La rumeur | 129 |
| La symbolique du crachat | 134 |
| De la crucifixion à la croix | 136 |
| Les procès du Temple | 141 |

Les derniers maîtres .......................................... 145
L'abandon du pape ............................................ 147
Le concile de Vienne .......................................... 149
La foi retrouvée ................................................ 150

**VII. CONCLUSION** ............................................... 153

Le trésor existe ................................................. 155

Bibliographie ................................................... 163

# Bibliographie
## des ouvrages cités

1. M. Lavocat. Procès des frères et de l'ordre du Temple. Laffite.
2. Régine Pernoud. Pour en finir avec le Moyen Age. Points-Seuil.
3. Jean Chevalier, Alain Gheerbrant. Dictionnaire des symboles. Robert Laffont.
4. Les Templiers et les sceaux des seigneuries de Loir-et-Cher. Association Chantiers Histoire et Architecture Médiévales.
5. Cité par Régine Pernoud. Les Templiers. Que sais-je? — PUF.
6. Cité par Marion Melville. La Vie des Templiers. Gallimard.
7. Ibid.
8. Georges Duby. Guillaume le Maréchal ou le meilleur chevalier du monde. Fayard.
9. Georges Bordonove. Les Templiers, histoire et tragédie. Marabout.
10. Cité par John Charpentier. L'Ordre des Templiers. Tallandier.
11. André Parrot. Le Temple de Jérusalem. Delachaux et Niestlé.
12. Laurent Dailliez. Les Templiers ces inconnus. Librairie Académique Perrin.
13. Cité par Marion Melville. La Vie des Templiers. Gallimard.
14. John Charpentier. Op. cité.
15. Ivan de la Thibauderie. Le Glaive et le Graal. Launond.
16. Slimane Zéghidour. Jésus, prophète de l'Islam. Notre Histoire n° 7.
17. Betty Bouthoul. Le Vieux de la Montagne. Gallimard.
18. Ibid.
19. M.-M. Davy. Initiation médiévale. Albin Michel.
20. Ivan de la Thibauderie. Op. cité.
21. Ibid.
22. Ibid.
23. John Saward. Dieu à la folie. Seuil.
24. M. Lavocat. Op. cité.
25. Laurent Dailliez. Op. cité.
26. Cité par M. Lavocat. Procès des frères et de l'ordre du Temple. Laffite.
27. Ibid.
28. Jean Chevalier, Alain Gheerbrant. Op. cité.
29. Laurent Dailliez. Op. cité.
30. John Charpentier. Op. cité.
31. Gérard de Sède. Les Templiers sont parmi nous. Plon.

## Iconographie

*Les templiers* — B. Briais - J. M. Ruffieux — (Seuil)
*Sur les pas des Templiers* — M. Dumontier (Copernic)

# Chronologie de l'histoire
# et des grands maîtres du Temple

**1128 :** Fondation de l'ordre - Hugues de Payns grand maître.
**1136 :** Robert de Craon grand maître.
**1137-1180 :** Louis VII roi de France - Deuxième croisade.
**1149 :** Evrard des Barres grand maître.
**1150 :** Bernard de Tramelay grand maître.
**1153 :** André de Montbard grand maître. Prise d'Ascalon.
**1156 :** Bertrand de Blanquefort grand maître.
**1169 :** Philippe de Milly grand maître.
**1170 :** Eudes de Saint-Amand grand maître.
**1180 :** Arnaud de Torroge grand maître.
**1184 :** Gérard de Ridefort grand maître.
**1185 :** Mort de Baudoin IV, le roi lépreux.
**1186-1192 :** Guy de Lusignan, roi du royaume latin de Jérusalem.
**1187 :** Victoire de Saladin à Hattin. Les Chrétiens perdent Jérusalem. Gérard de Ridefort est capturé.
**1189-1192 :** Troisième croisade sous Richard Cœur de Lion.
**1191 :** Robert de Sablé grand maître. Les Templiers prennent St Jean d'Acre
**1193 :** Gilbert Erail grand maître.
**1201 :** Philippe de Plaissiez grand maître.
**1209 :** Guillaume de Chartres grand maître.
**1219 :** Pierre de Montaigu grand maître.
**1229 :** Les Templiers récupèrent Jérusalem.
**1232 :** Armand de Périgord grand maître.
**1244 :** Les Templiers chassés de Jérusalem par les Turcs.
**1246 :** Guillaume de Sonnac grand maître.
**1250 :** Renaud de Vichiers grand maître. Echec de St Louis à Mansoura.
**1256 :** Thomas Bérard grand maître.
**1273 :** Guillaume de Beaujeu grand maître.
**1291 :** Thibaud Gaudin grand maître. St Jean d'Acre et la terre sainte sont définitivement perdus.
**1294 :** Jacques de Molay grand maître.
**1307 :** Arrestation des Templiers sur ordre de Philippe Le Bel.
**1308 :** Intervention du pape Clément V, qui défend les Templiers puis les rejette.
**1312 :** Le Concile de Vienne prononce la dissolution de l'Ordre.
**1314 :** Exécution de Jacques de Molay.

ACHEVÉ D'IMPRIMER EN JANVIER 1986
SUR LES PRESSES DE L'IMPRIMERIE HÉRISSEY
A ÉVREUX (EURE)
POUR LE COMPTE DE M.A. ÉDITIONS

*Imprimé en France*
Dépôt légal : Janvier 1986 — N° d'imprimeur : 38957

## Chez le même éditeur :

### Collection : ZODIAQUE 2000
12 titres - format 11 x 18 - nombreuses illustrations

- Bélier
- Taureau
- Gémeaux
- Cancer
- Lion
- Vierge
- Balance
- Scorpion
- Sagittaire
- Capricorne
- Verseau
- Poisson

### Collection : ARTS DIVINATIONS
12 titres - format 11 x 18 - nombreuses illustrations

- L'astrologie - Catherine Aubier
- La géomancie - Catherine Aubier
- Les lettres - Michael Foster
- La magie - Jean-Pierre Spilmont
- Les mains - Cécile Sagne
- Les nombres - Michael Foster
- Les oracles - Patrick Ravignant
- Les présages - Patrick Ravignant
- Les rêves - Anton Kielce
- Le tarot - Anton Kielce
- Les visages - Cécile Sagne
- La voyance - Jean-Pierre Spilmont

### Collection : ORIENT SECRET
12 titres - format 11 x 18 - nombreuses illustrations

- Le bouddhisme tibétain - Jean-Michel Varenne
- Le chamanisme - Alix de Montal
- L'érotisme sacré - Cécile Sagne
- Les fous de Dieu - Patrick Ravignant
- La réincarnation - Patrick Ravignant
- La sagesse de l'Inde - Patrick Ravignant
- Le soufisme - Anton Kielce
- Le tantrisme - Jean-Michel Varenne
- Le taoïsme - Anton Kielce
- Le yi King - Anton Kielce
- Les yogas - Jean-Michel Varenne
- Le zen - Jean-Michel Varenne

### Collection : ZODIAQUE CHINOIS
12 titres - format 11 x 18 - nombreuses illustrations

- Buffle
- Chat
- Cheval
- Chèvre
- Chien
- Coq
- Dragon
- Rat
- Sanglier
- Serpent
- Singe
- Tigre

6, rue Émile Dubois - 75014 Paris - Tél. : (1) 45.81.24.25